「枯れない」男の流儀

「好奇心」が、男の品格と教養を磨く

川北義則
Yoshinori Kawakita

フォレスト出版

はじめに

枯れないために必要なのは、「IQ」でも「EQ」でもなく「CQ」

「やることがない」

定年を迎えた世代、数年後に定年が迫っている世代、それ以前の世代であっても、もしこんな思いを抱いているとしたら、それはじつに寂しい限りだ。

だが、私にいわせれば、それは**「やることがない」のではなく、やることがたくさ**

んあるにもかかわらず、「やろうとしない」「気づいていない」だけなのである。

そして、そうした姿勢は、性格によるものでもないし、中高年になって身についたものではないだろうと、私は思う。

はっきり言えば、若いころから「あれ、なんだろう?」「なんか面白そう」「やってみたいな」と自分が感じたことがあったにもかかわらず、すべてに対して消極的だったことが原因なのだ。つまり、**自分の好奇心に対して不誠実だったことの「ツケ」が回ってきた**といっていい。


ちなみに、今、「IQ= intelligent quotient= 知能指数」でもない、「EQ= emotional quotient =心の知能指数」でもない、**「CQ = curiosity quotient= 好奇心指数」**という言葉が注目され始めている。

これまでも仕事で成果を上げたり、人間関係を円滑にしたりして、充実した人生を過ごすための資質として、高いIQやEQが求められることは、自己啓発書などで力説されてきたが、さらにCQの重要性が指摘され始めたというわけである。

それは、私自身が常日頃から感じていたことでもある。

男より女のほうが「CQ」を鍛えている？

この流れに沿って語るとすれば、いま、中高年男性を観察していると、このCQの低い人間が増えているように思えてならない。ものの感じ方、考え方、行動力という面で、妻たちに置き去りにされている夫たちが少なくない。

たとえば、定年退職になった夫が、思い立って妻を旅行に誘ったとしよう。あるいは映画、舞台でもいい。だが、妻はあまり喜ばない。口うるさい夫と行動を共にして、あれこれいわれるよりも、妻たちは親しい女友だちと一緒にいるほうがより楽しいのだ。

妻たちはとっくに「面白くない夫との時間」に見切りをつけ、自分たちだけで面白がる方法を見つけ出しているのだ。言葉を変えていえば、**妻たちだけが知らぬ間にCQを高めている**ということか。

仕事や家庭を離れて面白がることができず、置き去りにされる夫たち。

場合によって、定年後も財布を妻に握られている彼らは、懐も寂しいゆえ、映画1

本観に行くのもままならない。さりとて、今まで自宅と会社との往復が中心だったので、**時間はたっぷりあっても、どう行動していいかわからない**のだ。

そういう人間を図書館やデパートの片隅に置かれたソファでよく目にする。

私は断言する。

そんな人生は、すでに枯れているか、枯れ始めている人生である、と。

もし**「枯れた人生などゴメンだ」というのであれば、それなりに自覚的な努力が必要**となる。厳しい言い方をすれば、定年を迎えてからでは遅すぎるといえなくもないが、それでも、枯れない生き方をすることは不可能ではない。

また、そうならないためには、現役時代から、仕事以外にもっと外部へ目を向けて、少しでも芽生えた好奇心に誠実に向かい合うことだ。

そして、「面白そうだ」「やってみたい」となったら、それを実行に移すこと。

そのクセは、ふだんからつけておくに限る。急にできるものではない。**見たり、聞いたり、試したり、何事もまず自ら行動を起こす**ことが肝心なのだ。一生、好奇心を持っていれば、人間、枯れることはない。いつもみずみずしい自分でいられるのだ。

「好奇心」に年齢制限はない

自慢するつもりはないが、私は若いときから好奇心のかたまりだった。そのエピソードを紹介しよう。

今から、何十年も前、新聞記者時代、世界一周の旅に出たことがある。勤めていた新聞社にアメリカの航空会社から広告の依頼があった。だが、その広告代は、チケットで払われることになったのだ。いわゆるバーターである。なんといっても、1ドル360円の時代。海外旅行など夢の夢だった時代である。編集部内で希望者を募ったが、誰も手をあげない。「ならば」と私は手をあげた。

とはいっても、豪華招待旅行などではない。**チケット一枚を手にしてのバッグパッカーの旅**。まず単身、ヨーロッパに渡ったのだ。まだ『地球の歩き方』といったガイドブックなど何もない時代である。

ユースホステルを泊まり歩いての10日間の海外旅行は、私にさまざまな体験をさせてくれた。**見るもの、聞くものがすべて初めて。次々と好奇心とチャレンジ精神が芽**

生えた。正直なところ、かなり危険な目にも遭遇した。

だが、そんなことにめげることもなく「日本にいたって、同じだ」と割り切って度胸を据えて行動した。今思い出しても「よくぞまあ、やったものだ」ということの連続であった。

もともと、何事も「面白がる」性格ではあったが、この海外旅行がそんな私の性格、考え方、生き方に火をつけるきっかけになったことは間違いない。そんな好奇心旺盛な性格は、年をとっても衰えてはいない。特に旅への好奇心は萎むことがない。

たとえば、昨年はあちこち国内外の旅行に出かけた。客船に乗っての北欧のクルージングに始まって、九州をはじめとする日本各地の温泉探訪。誘われて、鈴鹿のサーキットでのフォーミュラレース観戦にも出かけた。

それればかりではない。本文でも述べているが、能の舞台、ラクロスの試合、ボディビルの大会など、ただ誘われるままに、「面白そう」と首を突っ込んで回った。

「定期券」に縛られない生き方

まず、私は学校を卒業後、会社勤めを始めてから、**「定期券」というものを持ったことがない**。なぜなら、行きは会社に直行することがほとんどだが、それでも喫茶店へ立ち寄ってコーヒーを飲んでみたり、書店をのぞいてみたりして、気になるスポットに足を運んでみたりという日々を送っていたからだ。

今でも、そのスタイルは変わらない。

夕刊紙の新聞記者だから、「締め切りさえ守ればいい」とハラをくくっていたから、寄り道はしょっちゅうだったのだ。そんなスタイルに定期券は不要である。もちろん、会社を出た後も同様である。新聞記者は特別という見方があるかもしれないが、必ずしもそうとはいい切れない。**一般的なサラリーマンであったとしても、いろいろなものを面白がって、時に実行してみることはできる**はずだ。

決して裕福だったわけではないが、安い学割定期券を持つことができた大学時代でも、とくに帰りは、寄り道ばかりしていた。まっすぐ家に帰ることなどほとんどなかった。もちろん、会社から支給された定期代はあっという間に遊びに消えた。

とにかく定期券の「定」の字が気にいらない。とにかく、**「定」がつく言葉にはワクワクさせるものがない。**「定食」「定番」「定石」、そして「定年」である。

どうも私は、生来、枠にはめられるが嫌いなのだ。もっと正確にいえば、決められたことに何の疑いもなく従うことが嫌いなのだ。**定期券を持つと、どうしても行動範囲が限られてしまう。**ならば、いっそのこと、初めから持たなければいいという考え方なのだ。

今はパスモやスイカという便利なものもある。駅の売店ほか、コンビニ、コーヒーチェーン店など、使い勝手もいい。

行動範囲が狭くなるということは、「人生を狭く生きる」ことにつながる。急に興味をそそられる誘いを受けたり、面白そうなイベントや会合の情報が入ってきても、「定期に縛られる」毎日を過ごしていると、知らぬ間に億劫になって二の足を踏んでしまうようになる。

「野球のチケットが入ったけど」「美女が集まる合コンに欠員が出た」「お得意さん限定のバーゲンに行かないか」「新しくできたキャバクラの無料招待券、1枚余っているけど」などなど、いつも「フリーハンド」でいれば、「面白そうだ」「行ってみるか」という好奇心の芽生えを後押しして実行に移すこともできるのだ。

考えようによっては、定期券に縛られない生き方、「定期」を受け入れない生き方は、**「毎日が旅」の生き方**といってもいいかもしれない。

好奇心に満ちたそういう生き方には**「道草」「道楽」「無駄」**はつきもの。そして、こういう生き方こそ、いくつになっても「枯れない」生き方ともいえるのではなかろうか。**CQのレベルを下げることは、枯れることにつながる**のだ。

本書では、私自身の経験を交えながら、「枯れないためのコツ」を述べさせていただいた。**やりたいことを見つけて、やりたいことをとことんやりたいと願う方々のヒント**になればうれしい限りである。

最後になるが、本書の刊行にあたり、フォレスト出版の皆さんには並々ならぬご尽力をいただいた。ここに感謝の意を表したい。

２０１７年２月

川北義則

「枯れない」男の流儀◎目次

第2章 「ひとり」を怖れない覚悟があるか

第3章 男が「枯れる」とはどういうことか

第4章 枯れないために、やっておいたほうがいいこと

装幀◎河南祐介（FANTAGRAPH）
本文デザイン◎二神さやか
編集協力◎石井康夫
ＤＴＰ◎株式会社キャップス

第1章

枯れないためのキーワードは「好奇心」

何があっても、バリアを築かない

名棋士に学ぶ「いつまでも現役でいる」ためのヒント

加藤一二三さんという将棋棋士がいる。

最近はテレビのバラエティ番組、クイズ番組などにも出演し、ユニークな言動で視聴者を楽しませている。そのキャラクターが番組制作者の目に止まって、オーケストラの指揮者に挑戦したりもしている。

テレビ出演を楽しんでいるという加藤さんがこんなことをいっている。

「私は音楽だけでなく、様々な分野に興味を持って生きてきました。キリスト教の洗礼も受けていますし、絵画や旅行も好きです。ドストエフスキーなど、代表的な文学作品にも触れてきたつもりです。もし将棋一本だったら、こうした依頼はなかったでしょう」（朝日新聞・2016年11月14日）

70代半ばを過ぎて、**テレビ界で大ブレークした理由**が読み取れる言葉だ。加藤さんは好奇心の塊なのだ。

共演したマツコ・デラックスさんからは「ひふみさん」と呼ばれ、慕われているようだ。

「好意を持ってもらえてうれしいですね。（中略）こんなことになるとは夢にも思いませんでした。マツコさんをはじめとする出演者の方、テレビ局の方には感謝の気持ちでいっぱいです。本業でも、対局はもちろん、指導対局やタイトル戦の解説などの仕事があり、充実した毎日ですね」（同）

さまざまな分野に関心を抱き、業種、世代を超えて人と交わる加藤さんだが、なんでも面白がる人で、**物事、人間に対してバリアを築くことはない**ようだ。

もともとは「天才少年棋士」と呼ばれた。中学生時代に、伝説的棋士であり、当時八段だった升田幸三さんに「この子、凡ならず」といわしめた。かつては名人位も獲得した超一流の棋士である。プロ入りは中学3年生。２０１６年、14歳2カ月の藤井聡太四段によってその年少記録は塗り替えられたものの、それまで加藤さんの14歳7カ月は史上最年少記録だった。わずか5カ月の差である。

　そんな加藤さんがこんなことをいっている。

「私は57歳下の若手と戦ったことがありますが、藤井さんとは62歳違う。ぜひとも、現役のうちに公式戦で対戦したいですね」(同)

　現在、77歳。はるか年下の棋士に「さんづけ」で呼び、しかも「公式戦」という言葉に、加藤さんの矜持がうかがえられる。

　２０１６年12月24日、加藤さんが熱望したその対局が実現した。結果は、藤井四段が勝利しプロデビュー戦を飾ったが、敗れたとはいえ、加藤さんの対局後の言葉はじつに見事なものだった。

「大変すばらしい才能の持ち主だと戦ってわかった。渋い手とシャープな手の両方ある。うまく負かされた」(朝日新聞・２０１６年12月25日)

過去の名声に胡坐《あぐら》をかくこともない。いかなるバリアも築かず、なにごとにも興味を抱き続ければ、いくつになっても進化は止まらないということだ。

進歩を妨げるこんな口グセ

「最近の若いヤツは……」

真偽のほどはわからないが、古代エジプトの遺跡の壁面にそんな言葉が刻まれていたという話がある。

若者に対する年長者の不満は、いつの世もあったという証かもしれない。

「オレがやってきたことは間違いない。それに比べて、最近のヤツらは……」よく耳にするフレーズだが、聞いていて気分のいいものではない。ある程度年を重ねた50代、60代になると、意識するかしないかは別として、**自分の価値観や経験則を絶対視するようになる。**

私自身は、そうならないように心がけている。

若い世代を相手にして「私はこう思う」「私はこうしてきた」とか、「キミの考え方はここが間違っている」「キミのやり方はここがおかしい」というふうに、個人対個人の関係の中で語るならいいが、**世代を十把一絡げにして「今の若者は……」などと、**

乱暴に批判するのは、無意味なことだ。

年長者だからといって、若い世代に対して上から目線で接していいと考えるのは愚かでもある。より厳しい言い方をすれば、自分の頭が固くなってきた兆候と考えたほうがいい。

社会的地位やこれまで成し遂げてきたさまざまな実績への自負がそうさせてしまうのだろうが、その傾向が現れたら、その人の進歩はなくなったものと考えていい。

他人の感性や価値観を受け入れる器量を持つ

上場企業で役員を務めた、役所で管理職を務めた、まわりから称賛されるようなことをやったとか、とかくアピールしたいのだろうが、そんなことは、尋ねられたときはともかくとして、自分からいうことではない。

聞いている若い世代からは、「すごいですね」「私なんかには、とてもとても」くらいのリアクションはあるかもしれないが、それは**単なるお世辞。相手は「もうたくさ**

ん……」早く切り上げたいと思っているのだ。

年長者のそんな姿勢は、若い世代との間にバリアを築いてしまう。**バリアがあれば、自分の知らない世界の情報も遮断される。**新しい情報が入ってこなくなれば、その人の「進化の種」はなくなる。結果として、面白そうだなと感じる機会もどんどん減ってくるわけだ。

「若いヤツらは」といういい方は、情報を遮断する言葉だと考えたほうがいい。いっていることが納得できない、物事に対する姿勢が異なる、立ち居振る舞いが気に食わないなどなど、気持ちはわからぬではない。

だが、ここは**「おかしなことをいっている」「変わったヤツだ」くらいの気持ちをもって面白がるスタンスをとってみる**のがいい。

新しい発見もあるはずだ。ただ怒りや感情に任せて、人やその人の主張を遮断する姿勢は、自分の視野を狭めるだけだ。

穏やかに受け止めて、自分の主張と照らし合わせ、受け入れるものは受け入れ、受け入れられないものは受け入れなければいいだけの話ではないか。

問答無用のバリアはいただけない。

枯れない男の勘ドコロ

「知らず知らずのうちに「進化の種」をなくしていないか？　過去の名声に胡坐をかかずに、何事にも興味を持ち続ければ、進化は止まらない。

「まず、やってみる」で、頭と心の錆を取る

「小食化」の人生は、もったいない

最近、若い人たちが草食化しているらしい。私にいわせれば、じつにもったいない話だ。

一方で、中高年層ももったいない過ごし方をしている人が少なくない。

こちらは「食べ物だけの草食化」ではなく、**さまざまな物事に対しての「小食化」**なのである。

特に、時間も十分にある定年退職者にそれを感じる。

悠々自適とはいえず、使えるお金も限られているせいなのかもしれないが、もう少

し能動的かつアクティブに生きられないものかと思う。

図書館、デパート、あるいは公園などの公共施設に行けば、ただ座ってボーッとしている彼らが数多くいる。

私自身は、**悠々自適な生活など羨《うらや》ましくもなんともない**。時間があろうがなかろうが、生業である執筆業、出版プロデュース業の新しくて面白い企画はないものかといつも考えながら暮らしている。森羅万象、何にでも興味津々なのだ。

あの世がどうなっているのかはわからないが、毎日が日曜日の暮らしなど、死んでもイヤである。

幸いなことに、今でも原稿執筆や講演の依頼などが舞い込むから、何かと忙しい毎日を送っているが、仮に**仕事がなくなったとしても、何かやることを見つけてアクティブに過ごす**だろうと思っている。

好きな映画や舞台をもっとたくさん観たいし、ジャズのコンサートにも行きたい。海外旅行もいいし、国内ならローカル列車の旅もしてみたい。今でもそれらも愉しんでいるが、仕事がなければないで、もっとそれらのほうに愉しみを向けたい。

アインシュタインの言葉
「私はものすごく好奇心が強いだけです」

私は「死ぬまで働く」をモットーに、今でも週に最低でも4日はオフィスに通っている。

それができるのも、若いころから「アレ面白そうだ」「アレ変だぞ」という好奇心のままに、さまざまなことにチャレンジしてきたからこそだと思っている。

「私には特別な才能などありません。ただ、ものすごく好奇心が強いだけです」

アインシュタインの言葉だ。天才科学者と自分を同列に論じるなど、もってのほかと叱られそうだが、アインシュタインのその言葉を知ったとき、天才からお墨付きをもらったと勝手に納得したものだ。

「金がないから」と逃げていないか？

たとえば、何事にも興味が持てず、ただ一日中うちにいてテレビをボーッと観ていたら、結局は、ただ寝て、飯を食って、クソしてまた寝る毎日になる。

それでは、**死んだも同然**と思ったほうがいい。外に出かけるにしても、そんな姿に業を煮やした女房に追い立てられているのではないか。仕方なく図書館に行って新聞と週刊誌を読んで、日がな一日過ごすことになるのだろう。

「金がないから、仕方がない」

居直るようにそんな言葉を口にする人も多いが、それは違う。**考え方ひとつで、いかようにもできる。**

数年前の私の体験をご紹介しよう。

快晴の初夏のある土曜日のこと。私は、毎週知人と一緒に楽しむ競馬の買い目を検討するために、家の近くのコンビニに向かった。

「私は外出します。夕方4時には戻りますから、あとはよろしく」

妻の声がした。ポケットには100円玉が2個。コンビニでスポーツ紙を購入して家に戻ろうとしたとき、ハタと大変なことに気づいた。家のカギも携帯電話も持たずに家を出たのである。ポケットの中にあるのは50円玉1個だけ。

金欠を逆手に取って楽しむ方法

「さて、どうしたものか」

いったんは途方に暮れた。近所に住む娘に電話しようにも、電話番号など記憶していない。携帯電話がないころには、主要な先の電話番号は暗記していたものだが、今では妻の携帯番号、自宅とオフィスの番号以外、何ひとつ記憶していない。

親しくしている隣人に事情を話して、2、3000円でも借りて、夕方まで時間をつぶそうかとも考えた。快く貸してくれるに違いなかったが、ちょっと恥ずかしい。

そこで私は考えた。

「面白いじゃないか。夕方までの6時間、50円で楽しんでみよう」

幸いなことに、サンダル履きではなかった。スニーカーを履いて出ていた。朝食もすませていたから、腹も減っていない。そこでどう過ごすかを考えたのだ。

すると、なぜかワクワクしてきた。もはや娘の家まで歩いて行って合鍵をもらうという選択肢はなくなった。

私はまず、近所にある中高一貫校のグラウンドに向かった。野球やラグビーの強豪校である。ちょうど野球部の生徒たちが練習をしていた。私は大の野球好き。そこで1時間、たっぷり彼らの練習を見た。

その後、2駅ゆっくり歩いて1時間。そこには都内でも有数の公園がある。その公園のベンチに座って、スポーツ新聞をくまなく読んで1時間。もちろん、その日の馬券は購入できないが、自分なりに予想してみた。

それから、15分歩いて繁華街へ。

駄菓子屋だって、たまには面白い

街を行く若い女性を眺めながら、「今年の夏は日傘を持った女性が多いな」「ナマ足は見ているだけで楽しい」「黒のブラジャーは今では当たり前か」などと感じながら、街を観察。

さらに、書店に入って、拙書が置いてあるかどうかが気になって棚を眺めたり、新刊を立ち読みしたりで1時間。

その後、新しく買おうと思っていたポロシャツの品定めにデパートのメンズファッションのフロアへ。そこで1時間。「アバクロ&フィッチはないの？」などと、文無しで買えないにもかかわらず、ショップスタッフとおしゃべり。金がなくても堂々としていればいいだけだ。冷やかしだけのウィンドウ・ショッピングもけっこう愉しい。

さらには、地下の食料品売り場へ。すると、お好み焼きの店頭販売に出くわした。ふだんなら試食することは滅多にないのだが、ちょうど小腹がすいていたので、一切れを試食。これで30分。

そこから、来た道をゆったりとした足取りで辿って最寄駅に到着。約6時間の小旅行である。

しかし、まだ終わらない。駅近くの駄菓子屋に入って、1本10円のうまい棒を2本と30円のアメを購入。店の中にいた子どもたちや店番のおばあちゃんが怪訝《けげん》そうに私を見ていたが、お構いなし。

「おじさん、50円しかお金持っていないのよ」

ひと言残して店を出た。

たまには駄菓子屋をのぞいてみるのもいい。たしか下北沢に以前、「みよちゃん」とかいう駄菓子屋があったのを思い出した。時々、立ち寄ったものだ。駄菓子屋には、愉しいものがいっぱいある。それも10円くらいからで買える。

買ったアメをなめながら歩いて家に着くと、妻はすでに家に帰っていた。ポカンとしている妻に小旅行の話をすると、あきれていた。

50円なら50円の、1000円なら1000円の楽しみ方はあるのだ。

「金がない」はやらない自分、行動を起こさない自分に免罪符を与えているだけだ。

好奇心の歯車を動かすポイント

ちょっと話が長くなった。

このエピソードは極端な例だが、お金がなくても考え方次第で、時間つぶしの楽しみはいくらでもできるということだ。

趣味がない、お金がない、したいことがないなどと、ポジティブに行動しないことの理由を探し出すことは簡単だ。**食わず嫌いの「小食生活」は、頭の栄養補給が間違いなくストップ**する。

だが、それではいつまでたっても同じ自分のままだ。時間が止まったままなのだ。

いや、次第に枯れていくのを待つだけかもしれない。

何度もいうが、とにかく体を動かしてみること。**動き始めれば、錆ついてしまった好奇心の歯車も少しずつ回り始める**。ひとたび回り始めれば、好奇心がさらなる好奇心を呼び覚ます。気がつけば、とても滑らかに回る頭脳と行動力が身についてくるはずだ。

余談だが、予想だけで買えなかった馬券は、予想した5レースすべてハズレ。大いに得した気分を味わったのだ。

とはいっても、土曜、日曜、友人と共同の馬券買いは今でも続けている。テレビ中継のある午後3時からのレースが中心で、一日平均で4、5レースくらいやる。

馬券買いは中断もあったが、かなり古い。名馬スピードシンボリらが活躍したころからだ。野平祐二、郷原洋行、加賀武見らの騎手たちが活躍していた。

そのころ、カブトシローというクセ馬がいた。スタートすると、たいていは先頭から10馬身以上も離されてポツンとどん尻で走っていた。だが、気が付くと4コーナー直線からどんどん追い上げ、ゴール寸前でトップに立つことがあった。予期せぬ展開で高額馬券。私はこのカブトシローが好きで追いかけていたから、時に僥倖に巡り合うこともあった。

趣味と実益を兼ねてといいたいところだが、実益はさておき、趣味の馬券買いだけはやめられそうもない。

枯れない男の勘ドコロ

食わず嫌いでは、頭も錆つく。お金がなくても、楽しむ心を持ちたいもの。ただ寝て、飯食って、クソして、また寝る生活。それじゃ、死んだも同じ。

ルーティンばかりの日常が、心の半径を小さくする

毎日判で押した生活を、いつまで続けるのか

古い話で恐縮だが、１９５２年に公開された黒澤映画『生きる』をご存じだろうか。余命を知らされた志村喬演じる市役所職員が、残りの人生に生きがいを見つけようとする物語である。

毎日毎日判で押されたような生活を何十年と繰り返してきた人間が、死を意識したときにどのように変わるのか……。主人公に扮した志村喬が公園でゆっくりブランコをこぎながらつぶやくように「命短し、恋せよ乙女……」と口ずさんでいた場面は今

でも印象に残っている。

いきなり、映画『生きる』を引き合いに出すのは大げさかもしれないが、**多くのサラリーマンの生活も『生きる』の主人公と共通する**ところが少なくないのではなかろうか。

ふだんは毎日、判で押したような生活を送っているに違いないからだ。

同じような場所で、同じような店で、同じようなメンバーと過ごしていることが多いのではないか。

「この前もいったけどさ、うちの役員は……」

「その話はもう1万回も聞いたよ……」

たとえば、こんな会話で酒を飲んでいる男たちを見ると、私はこう感じる。

「来週、ここへ来ても同じような話をしているのだろう」

何も平凡で安定した日常生活が悪いといいたいわけではない。

しかし、じつにもったいないではないかと感じるのだ。退社後の時間まで、ルーティンで楽しいのだろうか。

ルーティンといえば、ラグビー日本代表としてワールドカップで活躍した五郎丸歩選手のゴールキックの前に行なう一連の動きをそう呼んで話題になった。

もともとの意味は「決まりきった仕事。日々の作業。コンピュータのプログラムの部分をなし、ある機能を持った一連の命令群」（『大辞林』）とある。

いずれにしても、あまり楽しそうな響きは感じられない。五郎丸選手の場合はどうなのか……。

毎日「不定期」こそ楽しい

私自身、決まりきったルーティンが嫌いである。

じつは私は、中学、高校のときは別として、**大学へ入ってから以降、定期券というものを持ったことがない**。

大学生時代は、学校の帰りはいつも寄り道ばかりしていたし、サラリーマン時代もまっすぐうちに帰ることなど、皆無だった。

だから、定期券など持っていても無駄になってしまうし、もらった定期代はあっという間に遊びで消えてしまった。

そもそもこの「定期」の「定」という字が気に入らない。この「定」を使われた熟語にはろくなものがない。「定食」「定番」「定石」、そして「定年」。

どうも私は、枠にはめられるのが好きではないのかもしれない。正確にいえば、**決められたものに、疑いもなく従うことが嫌い**なのだ。

定期券を持つと、どうしても行動範囲が限定されてしまう。定期券以外の経路での行動は、追加交通費を払わざるを得ない。それに定期券によって、知らぬ間に「KEEP OUT＝立ち入り禁止」のテープを張り巡らせてしまっているように感じる。

行動半径の限定は、心の動きも限定されるのではないか。

そんな人生を何十年も続けていれば、やはりフットワークも鈍る。行動範囲が狭くなる。ルーティンコースを逸れるような行動がつい億劫《おっくう》になる。

たとえ話だが、「野球のチケットが手に入ったんだけど」「合コンに欠員が出たけど」「お得意さん限定のバーゲンに行こう」「新しくできたキャバクラの無料招待券あるけど」といった誘いも断ってしまうことになるかもしれない。もったいない話ではないか。

「突然の誘いは、ウェルカム」が人生にプラスを与える

私は、他人の誘いは、まったく時間が取れないか、よほど食指が動かない誘いでない限り、基本的には応じるタチである。誘われれば、何にでもホイホイついていく。単純思考で行動も軽い。いわば、おっちょこちょいなのだ。

ここ1年だけで考えても、能の舞台、ラクロスの試合、鈴鹿でのF1レース、日本舞踊の発表会、ボディビルの大会、上原ひろみのコンサートなど、それまでほとんど関心のなかったイベントにも足を運んだ。コンサート以外は、当日か前日に突然舞い込んだ誘いである。私とって、突然の誘いはつねに「ウェルカム」である。

どれもじつに愉しい経験だった。

第一に、テレビなどで観るのとは大違いということだ。特に鈴鹿でのF1レースの迫力は想像を絶するものだった。セーフティーカーの先導で一周をユックリ回ってからのスタート。かなりいい席で、すぐ近くの直線コースを走るF1マシーンのスピー

ド、それにフルスロットルのエンジンの爆音は「とてつもない爆音」としかいいようのないものだった。

日帰りの強硬日程だったから、早起きはつらかったし、交通費もそれなりにかかったが、それには代えられないほどの経験だった。

もし仮に、何かの誘いに応じて、それが退屈な経験だったとしても、一度くらいは試してみるのもいいではないか。とにかく何事も行動を起こすことだ。

映像ではなく「生」のものを知ることは、何か自分の人生にプラスになると思っている。

変な好奇心が、新たな好奇心を育てる

ともあれ、もし私が定期券を持つ生活を長年続けていたら、F1レースはともかくとしても、少なくとも、能の舞台や日本舞踊の発表会、ボディビルの大会などの誘いには応じていなかったと想像する。

「非定期」で生きてきたからこそ、経験できたことだと思っている。

おかげで、ラクロスは、1チームのプレーヤーはゴールキーパーを含めて10人で、サッカーより1人少ないこと。ゴールの裏もプレイゾーンで、アイスホッケーと同じであることなどもわかった。日本舞踊の発表会では、踊り手は優雅な女性だったが、素顔はどうなんだろうとか、パンツは履いているのだろうかとか、甚だ不謹慎ではあるが、そんな想像をめぐらせたりもしてしまった。

また、女性ボディビルダーには申しわけないが、たしかに鍛えられた体は、驚異ではあるものの、あれほどまでに筋肉のついた乳房でいいのだろうかなどと、いらぬ心配までしてしまった。**決して褒められない、助平な好奇心**である。

こういう経験には、**してみなければわからない発見**がいっぱいある。体験して芽生えた好奇心は、そのまま何かの役に立つことはないだろう。だが、私にとっては、身をもって知った実物のインパクトは、何ものにも代えがたい経験だったのだ。

つまり、なんであれ、見てみたい、やってみたいという好奇心を持ち続けることが大切だといいたいのだ。

こういうことが、さらなる好奇心を育てる。そして、時に実を結ぶ。

ひと駅先で降りて、歩いて帰ってみる

定期券の範囲内での生活は、心の鎖国状態ではないか。鎖国状態が長く続いている人にとって、いつもの乗降駅よりひと駅先に行くことは、簡単なようでいて意外に難しい。そもそもそんな発想がないからだ。

家に帰るときも、いつもの下車駅ではなく、ひと駅先で降りて、ひと駅歩いて戻ってみるのも貴重な体験ではないかと思う。それが新しい世界なのだ。

「何も用がないのに、金を余計に払ってまで行く必要はない」

こんなちっぽけな損得勘定でいたら、好奇心は永遠に芽生えることはない。**必要があるかないかを計る基準を、目先の効率や損得に任せてはいけない。**

いつも降りる駅の先の駅まで行ってみる。たまにはいつもと違うルートで帰宅してみる。もしどうしても定期券のボーダーを超えたくないのなら、ひと駅手前で降りてみて歩くのもいいだろう。まずはそこからのスタートだ。

こんな簡単なことだけでも、**いつもの日常と違う世界が待っている**はず。どんな出

会いが待っているか、想像しただけでもワクワクするではないか。

好奇心とほんの少しの行動力があれば、200円そこそこの電車賃を払うだけでも、絶世の美女あるいは美男と出会うような体験があるかもしれない。

映画『生きる』の主人公の死は、胃がんによるものだった。今でこそ、胃がんの原因の1つとしてストレスが挙げられるようになってきたが、映画公開当時はまだ知られてはいなかったのだろう。主人公の渡邊勘治がほんの少しでも「定められた生き方」に疑いを持って生きていれば、もう少し長く楽しい人生を送ることができたかもしれない。

われわれの日々は、気象庁の観測、あるいは、交通量の調査のように、統計を取るようなものではない。毎日が「定点観測」では、好奇心の芽生えるチャンスも限られる。

ちなみに、鉄道会社や路線によって異なるが、定期券の割引率は、半年の通勤定期でも最大で50％程度。土日、祝日も欠かさず通勤したとしての計算である。一度紛失したら、自己負担。それほど割安ではないのである。

自由に行動したいなら、会社から支給された定期代を、スイカやパスモにチャージしてみてはどうだろうか。今では、新聞やタバコをはじめ、至るところで買い物もできる。紛失しても、きちんと名前を登録しておけば、残額を保全することも場合によっては可能だ。

それでも、まだ定期券を持ち続けますか？

枯れない男の勘ドコロ

突然誘われたら、まず一度は応じてみる。「不定期」な行動の中にこそ、新しい発見がある。そこから人生の愉しみも出てくる。

「ひとりぼっち」を愉しむ生き方を準備する

いつまでも伴侶がいると思うな

これからの中高年にとって忘れてはならないことがある。

それは**「ひとりで生きていく覚悟を持つこと」**である。

誤解しないでほしい。家族を捨てて、火宅の人になれといっているわけではない。

中高年に達すれば、いつ何時連れ合いをなくすかもしれない。突然ひとりになる可能性も少なくない。自分には無縁のことと思っているのは甘い。

「うちのやつは健診を怠らず、よく食べてよく寝ている。元気だから大丈夫」

こう思っていても、痛い目に遭うこともある。

たしかに今、伴侶は元気かもしれない。だが、ひとりぼっちになる理由は、伴侶が亡くなることだけではない。**熟年離婚**というケースもあるのだ。

実際、30年来の私の知人は、定年退職したその日に奥さんから離婚を切り出された。2人の娘はすでに結婚し、家庭を築いている。62歳まで懸命に働き、娘を大学まで行かせ、嫁がせ、さあこれから2人で楽しもうという矢先のことである。

「僕が浮気をした、妻に好きな人がいるというのならともかく、『私たちも卒業しない？』じゃや、驚きますよ」

まさに青天の霹靂《へきれき》だった。奥さんの決意は揺るがない。離婚への強い思いを淡々と、時に笑顔を交えながら話す奥さん。これまでの不平、不満を激しい口調でぶつけるわけでもない。

「文字通りの、三行半《みくだりはん》。ここに至った理由も解説もなしにですよ。ただひと言『ずいぶん前から考えていたの』ですからね。議論の余地もない」

ひと月ほど考えて、「仕方ない」という結論。知人は離婚届に判を押したそうである。彼の妻も長年パートに精を出していたから、貯蓄も1000万円以上はあったらしく、慰謝料を求めることはなかった。彼は退職金の半分を妻に差し出したそうだ。

何の前ぶれもなく、いきなり離婚届が目の前に出されるのだ。誰だって驚く。こんなことが、今では普通に起こっているのだ。

これまで自らきちんと健診を受けて健康を気遣い、ボケないようにパートの仕事も続けていた妻たち。それを**家庭のためではなく、自分自身のためにやっていた**のだ。

妻の残りの半生に、あなたは必要ない!?

私自身、知人の離婚の顛末《てんまつ》を聞いて、強く感じたことがある。

「女性のほうが、しっかりしている」

知人には気の毒な話だが、奥さんは妻として、母として、自分の責任を果たしたうえで、**今度は自分という「個の生き方」を選んだ**のだと思う。それはそれで大いに結構なことだと思うのだ。どんな世代であったとしても、離婚という選択はあっていいのである。

この2人の夫婦生活がどんなものであったかは知る由もないが、妻の側に「この人とは死ぬまで一緒に暮らしたくない」という確信めいたものがあったに違いない。

これればかりは、**どちらがいい、どちらが悪いという問題ではない。**

同居期間35年以上の離婚率は1990年には0・75%、2008年では2・17%と約3倍に跳ね上がっている（厚生労働省の調査）。しかも、半数以上が妻から切り出されたものであるようだ。

最近、午前中にやっているテレビ番組を見ることがある。放送している時間帯でわかるように、視聴対象は家庭の主婦たちであろう。これがじつに面白いのだ。嫁と姑の問題、ママ友同士の勢力争い、子どもの教育問題、家計のやりくり法……。

主に主婦をめぐる問題を取り上げ、数人の男女のタレントや評論家が討論する。堅苦しい討論番組ではない。面白おかしく取り上げるのだが、しっかりと問題の本質を捉え、本音で話しているところがいい。

テーマのほとんどは、女性の生活環境の変化とともに吹き出してきた問題が多く、生活経済評論家としても文章を書いている私などには、たいへん参考になるテーマが少なくない。

「夫への不満」もよく扱われるテーマである。

「釣った魚にエサはいらないと思っている」「主婦業へのリスペクトがない」「仕事に

かこつけて、外で遊んでいる」「育児を任せっきり」「姑の味方ばかりする」「家は寝るだけの場所だと思っている」「共働きなのに、家事の分業を嫌がる」……。まあ、出るわ、出るわ、である。

好奇心旺盛な妻たちがいつも考えていること

高度経済成長以後、女性が積極的に社会進出をするようになり、半世紀の間に、時代は劇的に変わり、女性の意識も大きく変わった。変わってないのは、男性の意識のほうなのだ。

外で働く妻ばかりではない。専業主婦であっても、夫のことなど二の次、三の次で、ママ友とかいう友だち同士でリッチなランチを楽しんだり、最近は下火になったが韓流スターを追っかけたり……。タレントのゴシップや結婚話などなど。

それどころか、知らないうちに妻が数百万円ものヘソクリを蓄えたりしている。もちろん自分名義のものだ。なかには理財に長けている主婦は、株の売買でひと財産つくっているかもしれない。

このパワーだけは、夫たちも見習うべきかもしれない。

もはや、**家を守って耐え忍ぶ妻の姿など、どこにもない**のだ。

私の場合でいえば、妻は専業主婦でがんばってくれて、おかげで、私は安心して外で、仕事、あるいは時には遊びにもエネルギーを発散させていた。今のところ夫婦生活は、少なくとも表面上は安泰である。それも表面上であることは、しっかり自覚しているつもりだ。

多くの中高年夫婦もそんな状態ならまだいい。

だが、仕事を続ける妻、主婦業に専念する妻の区別なく、妻たちの残りの半生も、これからはどんどん変わってくる。

「家事は私がやる」「どこへ行くにも一緒」「共に死ぬまで」というわけにはいかないと、男たちは今から覚悟しておいたほうがいい。

夫より妻のほうが「好奇心」を蓄えている

現役時代には、たしかに外で稼いできたから、「家事は妻」でよかったが、わずかな年金しかないのであれば、そう偉そうな顔もしていられない。

定年後は、男はもはや外で獲物を仕留め、ねぐらで待つ家族を養う役割ではなくなるのだ。妻もこれまでのように「頼めば応えてくれる」存在ではない。

この夫婦の関係は、何も家事ばかりではない。「映画でも行こうか」と声をかけても「友だちと女子会があるの」「たまには温泉でもどう?」と誘っても、「あら、忘れたの? 先月、同窓会で箱根に行ったばかり」と切り返されるのがオチだ。

妻は妻たちで集まったり、行動している。

もはや夫は一緒にいたい存在ではなくなっているのだろう。

妻たちは、夫が会社中心の生活を送った長い年月の間、自分たちの中に芽生えた好奇心をどんどん蓄え、それを醸成させていたのかもしれない。

夫はといえば、せっかく浮かんだ好奇心をただ眺めるだけ。今後、妻との同行は、最初からあきらめたほうがいいのかもしれない。そして、夫の好奇心は瞬く間に朽ち果て、気がつけば、その残骸さえも見当たらなくなっている。

しょぼくれて図書館でタダの本を見ているのは夫たちだけだ。彼らを尻目に妻たちは外へ出て、わが世の春を謳歌している。

多くの妻たちは、夫に依存しない生き方を考えている。

だが一方で、夫たちは会社を離れてしまったにもかかわらず、メンタリティは現役時代のまま。相変わらず妻に依存しなければ生きていけないのだ。

それは、単に家事に限らない。日ごろから、子どものことはもちろん、仕事以外の世の事柄などについて、語り合ったりしてこなかったこととも、無関係ではないだろう。

それもこれも、こんな夫たちは、若いときから妻という存在を真面目に考えてこなかったことが、結果として、ひとりでは生きていけない人間になってしまったのである。

行動においても、思考においても、妻たちに置き去りにされているのだ。

妻不在の人生を、いかに充実させるかの練習

失われた時間を取り戻すことはできない。だが、時間はまだまだ十分ある。

時には、家事をやってみてもいいではないか。カラ元気ならぬ、「面白半分」でもいいから、まずはチャレンジすることだ。**今からでも間に合う。**

もしかすると、料理の才能、アイロンがけの技、手際のいい掃除の才能を自分が持っていることに気づくかもしれない。やがては、ひとりで何でもやれる自分になれるかもしれない。

腕を上げれば、妻の不在の時間が楽しくなるかもしれない。それが好ましいことかどうかはともかくとして……。

しかし、それだけでは十分とはいえない。

より「ひとり時間を愉しむ」ために欠かせないのは、あらゆるものに対する好奇心

である。

心して暮らしていれば、妻のいない時間、妻の不在の人生を有意義に過ごすことができるようになるだろう。場合によっては、好奇心で始めたことで、新しく稼ぐ力が身につくかもしれない。

とにかく、**ひとりで枯れるのを待っている場合ではない**のだ。

私自身、家事はいっさいやったことがない。代わりに、私は今でも平日はほぼ毎日、現役の働き手として、オフィスに出勤する。

好奇心を抱きながら、現役として獲物を求めてハンティングに忙しい。妻は、ときたま友だちとおしゃべりに出かけるものの、ふだんは家で私が仕留めた獲物の到着を待っている。

枯れない男の勘ドコロ

頼めば応えてくれる人が、いつまでもいると思ってはいけない。もはや、妻たちだって自分のことで、何かと忙しいのだ。

夢中になれることが、生きる水となる

赤塚不二夫の名言

「いいか、真面目にふざけろよ」

亡くなった赤塚不二夫さんは、しばしば、そう語っていた。

いわずと知れた大漫画家だが、いつも「面白いことないか」と考えながら生きてきた人だと思う。無名のころのタモリさんの異才に目をつけたことでも知られるが、日ごろから常識外れの遊びを考えて、仲間を集めてはその遊びを実行していた。

そんなとき、メンバーがちょっとでも手を抜こうものなら、「真面目にやれよ」と怒ったという。

真面目にふざけろ――はたしかに名言だと思う。

生前、パーティの席などで何回かお見受けしたが、お話しする機会が持てなかったのは残念に思う。

「あそこまで夢中になっている姿は、見事としかいいようがなかった」

タモリさんと演じた伝説の「ＳＭショー」をナマで観たことのある人間が、そんなことをいっていた。

往生際の悪さは、夢中である証拠

どんなことであれ、何かに夢中になれること。

これは、枯れない男の必須条件だろう。私自身、仕事に関しては、つねに夢中になっていると断言できる。

読者の方々には、お金を払って本を買っていただくわけだから、できる限りいい本にしたいと願う。いい本とは、読者の役に立つ本である。そのためには、夢中になって原稿を書き、必死に手直しするのは当然のことだろう。「カッコつけるな」とお叱りを受けそうだが、私自身、本心からそう思っている。

だから、自分で納得できない出来栄えのときは、時間の許す限り、真剣に考え、悩み、迷う。

そのために、担当の編集者の方々にはご迷惑をおかけすることも多いのだが、いい本にしたいという思いからだと、ご理解をいただいている。もちろん、うまく原稿が出来上がったときはその限りではない。

「もう、いいでしょ。このくらいで」

もしかすると、仕事を一緒にしている人の中には、私の往生際の悪さに、内心ではそう冷ややかに見ているかもしれない。

だが、こういう仕事の進め方は、死ぬまで直せないだろう。**仕事に夢中になっていれば、往生際は悪くていい**と思っている。中途半端はダメなのである。

もし、それがなくなったら、この仕事をやる資格はなくなったということだ。そうなったと自覚したら、私はこの仕事から潔く身を引く。

遊びだからこそ、「ひとり」で夢中になる

何事にも夢中になること――この性分は、仕事以外でもちょくちょく顔を出す。遊びにおいても、夢中になってしまう。いや、仕事以上に夢中になるといっていい。カッコつけたいい方をすれば、情熱、集中力がいまだ健在ということだと思う。たとえば、ジャズのコンサート。特に、日本で開かれるキース・ジャレット、上原ひろみのコンサートはどんなことがあっても、チケットを入手して聴きに行く。アドリブ満載の演奏、観客の熱狂ぶり、私も夢中になってしまう。コンサート終わりのスタンディング・オベーションともなれば、まわりのことなど忘れて拍手喝采である。

映画も大好きだ。オフィスから歩いてすぐのところに、東急文化村がある。ここには映画館もある。東急百貨店の本店と同じビルの中だ。私は週に2、3回はこの東急本店のレストラン街でランチをとる。映画館のあるフロアを通過することもあるので、上映している作品はすぐにわかる。興味を覚えると、ランチの後にしばしば入館して、映画を観賞する。

私の場合、コンサート、映画、演劇などは、ほとんどといっていいほど、ひとりで愉しむことにしている。**同伴者がいると、集中できないから**だ。どうせ愉しむなら、気を遣わなくすむひとりがいい。つまらなくて、途中退場する場合にも気楽である。

また、ひとりだといいこともある。人気になって席が満席に近い場合でも、一人なら比較的いい席が取れるのだ。

私はプロ野球観戦も大好きなのだが、ああだ、こうだと同伴者と話しながら観る野球とは違って、コンサート、映画、演劇などは、ひとりのほうが絶対にいい。

さらに、週末の競馬。10年ほど前から毎週馬券を購入するようになったのだが、こちらもテレビ観戦とはいえ、夢中になってしまう。知人とともに共同で検討して馬券をインターネットで購入するのだが、じつにエキサイティングである。

一攫千金を狙っているわけではない。レースの前日、あるいは当日に、自分なりのデータ分析の結果や勘を働かせて買い目を決めるのだが、真面目に推理するのが愉しい。的中すればさらに気分は高揚する。もちろん、ハズレれば悔しいが、たいていはテレビでの観戦だ。こちらもひとりである。

なんであれ、**どうせやるなら、夢中になって真面目にやるのがいい**のだ。

〝真面目に夢中〟になるテレビ鑑賞法

テレビドラマもよく観る。こちらも夢中になって大真面目に観る。水谷豊さん主演の『相棒』、米倉涼子さん主演の『ドクターX～外科医・大門未知子』などは大好きで、どうしても放映時間に家に戻れない場合などは、必ず録画予約をしている。

そうやって楽しみにしているテレビドラマなのだが、その楽しみの時間を台無しにされることがある。こちらが夢中になって観ているのに、水を差す人間がいる場合だ。「この人、最近、離婚したのよね」「こいつ、演技下手だな」「こんなこと、あるわけない」

外野にいる妻や息子のひと言が癇《かん》に障る。こちらが集中できなくなってしまうのである。

大人げないと思われるかもしれない。だが、私が気に入って観ているのだから、そうした「チャヤチャ」はご勘弁である。ドラマが終わってからにしてもらいたいのだ。

以前は「うるさい」「やかましい」と怒っていたが、こちらの気分も悪くなるからそれはやめた。その代わり、外野が騒がしいときは、黙って2階に上がり、ベッドに横たわりながら、鑑賞することにした。こちらのテレビ画面はいくらか小ぶりなのだが、外野の声に邪魔されるよりは、はるかにいい。

ただ単純に面白いから観ているのだが、こうしたテレビドラマ、特に取材、構成がきちんとできている作品は、興味深い情報が満載で「へえ、そうなんだ」ということもしばしばある。勉強にもなるのだ。

冷ややかな視線は、枯れ始めのシグナル

「たかが、テレビのことで……」

もし中高年のあなたがそう感じたとすれば、いくらか枯れ始めていると考えたほうがいいかもしれない。

ただし、何かの研究とか、修行とか、ライフワークとか、趣味とか、本当に夢中になれるものがあれば、その限りではない。

そうではなく、ただ**何かに夢中になっている他人を冷ややかな目でしか見られない**

のであれば、間違いなく、それは感性が枯渇し始めていると思っていい。「うらやましい」と思うのであれば、まだ救いはあるかもしれないが……。

大げさないい方になってしまうが、私は人生の醍醐味は、真面目に夢中になれることがどれだけ経験できるかだと思っている。

亡くなった歌手のテレサ・テンさんの歌ではないが、**したり顔でただ〝時の流れに身を任せ〟るのような生き方は、世代を問わず、枯れた人生**ではないか。新しい芽を出すこともなく、ただ死を待つようなものだ。

「人生とは、人生以外のことを夢中に考えているときにある」

ジョン・レノンはそんなことをいっている。

枯れない男の勘ドコロ

仕事も遊びも中途半端はダメなのだ。人生とは、「外野」のことなど気にせずに、何事にも情熱、集中力を忘れないこと。

人生の面白さは、損得・理屈の外に存在する

「イタズラ」に対して腹を立てるか、面白がるか

枯れない生き方をしたいなら、**「遊び心」**をいつも持っていることだ。何につけても「面白がること」。それが遊び心である。

得するかどうか、役に立つかどうかは気にしないで、面白いかどうかが大切なのだ。損得勘定や理屈だけで生きていては、つまらない人生しか送れない。

最近、『文庫X』が話題になっている。

誰でも、本を買うときは、新聞広告を見るか、書店で立ち読みしながら中身をチェ

ックしたりして買うのだが、『文庫X』は違う。カバーにもタイトルや内容のヒントになるようなものはほとんどない。

種明かしをすると、出版社がおすすめの本を選んで、本来のカバーの上にさらにもう一枚『文庫X』のオリジナルカバーをつけているのだ。手書き文字のガリ版刷りのような文章が横書きで並んでいる。

「申しわけありません。僕はこの本をどう勧めたらいいのかわかりません。どうやったら『面白い』『魅力的だ』と思ってもらえるのか……」

など、こんな調子でカバーの裏表に書店員の推薦文が並ぶ。内容は幼女の誘拐事件を題材にした推理小説なのだ。

開けてみれば、普通の文庫本なのだが、読者に売るためのその趣向がじつにユニークだ。こういった趣向に対して、どういうスタンスをとるか。

「本のタイトル、中味を隠すとはけしからん」

そう怒ってその本を放り投げるか。

それとも、「面白い宣伝方法だ」と感じるか。

遊び心が健在な人なら、その趣向に乗ってみるはずだ。私は実際に買ってみた。内容はまずまずで、読んでみてそれなりに楽しめた。
そして、私はこう考えた。
「自分の常識とはまったく違う他人の誘いを受け入れてみるのも一興ではないか」
こういう遊び心は、いつまでも枯れないで生きていくためにはとても大切なことだと思う。

数年前から小説のジャンルでは、「本屋大賞」という文学賞がある。全国の書店員の投票によって選ばれる。いわば「いちばん面白い本」といえるかもしれない。当たり前のことかもしれないが、なにしろ、書店員には本好きが多い。本の目利きなのである。

日本には、芥川賞、直木賞をはじめとして数々の文学賞があるが、それらの文学賞とはまったく趣が異なるのだ。文学者や文芸評論家とはまったく違う読者目線で選ばれるわけだから、選ばれた作家にとっては、とても名誉なことだろう。

私は『文庫X』にせよ、「本屋大賞」にせよ、**他人の評価をまずは信じて、その本を買って読んでみる**という、こんな「遊び心」を素直に受け入れている。

「頑迷の種」を発芽させないポイント

「頑迷」という言葉がある。

「あの人はじつに頑迷な人で、本当に困る」

やや硬い表現ではあるが、かたくなに自分の考えに執着し、他人の意見などを聞かない様子をいうときに使う言葉だ。

中高年になると、誰でもさまざまなシーンでこの頑迷さが顔を出し始める。中高年には、長い人生の中で培った知識、経験則、信念などがあり、それらはそれらで役に立つことは否定しない。

けれども、それを**物事の絶対的な判断基準にしてしまうことは、必ずしもいいことではない。時に、新しい情報、新しいものの見方を排除することになりかねない**からだ。

そうしたスタンスを改めずに、年月を積み重ねていくと、その人の頭はやがて「頑迷」になってしまうのである。年をとると、どうしてもその傾向が強くなるから要注意である。

知らず知らずのうちに、澱のように溜まっていく頑迷の種。

その種を発芽させないために役立つのが「遊び心」である。

「遊び心」を失わず、育てていくポイントはいくつもあるだろう。私自身はこんなことを忘れずに生きている。

- 「面白そう」でまず動く
- 「まさか」を検証してみる
- 「軽薄」でいる
- 「役立たない」からやってみる
- 知らないなら、聞いてみる
- 若い世代を肯定的に見る
- 天邪鬼になる

これがあるうちは、私は枯れないと確信している。

「明後日、知らない美人が伺います」

以前、こんなことがあった。九州在住の知人から電話があった。

「知り合いの女性が、のっぴきならない事情でここにはいられなくなった。『東京に行きたい』といっている。水商売でも、風俗でも何でもやるといっている。明後日、川北さんのオフィスに行くようにいってあります。よろしくお願いします。煮て食おうと焼いて食おうとお任せします。美人ですから……」

前に私が頼んだいくつかの仕事で、それなりの結果を出してくれた男からの依頼だ。とはいえ、とんでもない電話である。普通の人間なら断るだろう。

だが、私は普通ではなかった。「美人ですから」という言葉にも、引っかかった。

しかし、断らなかった理由は、何より持ち前の「遊び心」が首をもたげてしまったからである。

見ず知らずの私のところへ九州から訪ねてくるという趣向が面白い。滅多に経験できることではない。先に挙げた項目のうち、**「面白そう」「まさか」「軽薄」「役立たな**

い」に該当する。

2日後、その女性が私のオフィスを訪れた。たしかに、まずまずの美人である。正直なところ、一瞬「煮て食おう、焼いて食おう」という言葉が頭をよぎった。だが、さすがの私もそれ以上は「動く」ことはしなかった。

知人も、私なら面白がって何とかしてくれると確信したのだろう。

いかに遊び心とはいえ、知人の申し出を引き受けた以上、その信頼を裏切るわけにはいかない。実際のところ、その女性自身も、「食われる」ことを覚悟している様子もうかがえたが、それをしてしまうのは、私の**遊び心の流儀**に反する。

女性は大好きだが、**弱みにつけ込んでの狼藉はカッコよくない**。彼女が知人を信頼し、私を訪ねてきたことで、この遊び心のゲームは終わりでいいのだ。

私は、なぜ九州にいられなくなったのかはいっさい尋ねなかった。どんな人であれ、私はプライベートな部分のしつこい詮索はしない主義だ。

まずは、仕事を探してあげなければならない。どんなことができるのか、どんな仕事をしたいのかを尋ね、当時、懇意にしていたクリニックの医者に紹介した。この女性、ナースの資格を持っていた。

1週間ほどして、九州の知人から電話がかかってきた。

「煮て食いましたか、焼いて食いましたか？」

私を信頼してはいるものの、彼なりに彼女を心配して、冗談めかして尋ねてきたのだろう。

私はこう答えた。

「いや、生で食べた」

こういう問いには、遊び心で答えるほうがいい。

「えっ、本当ですか！」

狼狽ぶりが電話からも伝わってきた。

結局、この女性はそのクリニックで働くことになり、数年後、そのクリニックにアルバイトで来ていた若い医者と結婚した。この女性とは、今でも年賀状のやり取りが続いている。

「変な誘い」は、極力受けるべし

このエピソードを遊び心で片づけてしまうのは、いささか乱暴かもしれない。彼女はそれなりに深刻な事情を抱えていたのだろう。

だが、見ず知らずの私ができることは限られている。深刻がって同情したところで、彼女の役には立たない。ならば、遊び心からであれ、知人の顔を立ててあげるのが第一である。私はそれを実行したまでだ。

ちょっと極端な例だったかもしれないが、遊び心とはこういうものだと思う。

細かなことは詮索せずに、ただ「面白そう」という理由だけで、何かの誘いに乗ってみること。

「お金はこっち持ちだけど、女子大生の飲み会に来ませんか」

「音痴だけのカラオケ大会、行かない？」

「アイツ離婚するんだけど、離婚式っていうのをやるから出てみない？」

「芸能プロのオーディションの審査員やってくれませんか？」

この一年で私に舞い込んだ「変な誘い」である。すべて、私は参加した。どれもなかなか面白いものだったし、いろいろと考えるきっかけにもなった。

筋書きがわかっていることばかりでは、人生つまらないではないか。

たまには失敗することもあるかもしれない。だが、命までとられるわけではない。
「とにかくやってみる」「試してみる」は私の信条なのだ。

枯れない男の勘ドコロ

「イタズラ」や「変な誘い」には、できるだけ乗ってみる、試してみるのが「遊び心」。年齢を重ねると芽生えやすくなる「頑迷の種」は、「遊び心」で抑えられる。

第2章

「ひとり」を怖れない覚悟があるか

「非常識な人」と呼ばれることを怖れるな

「突拍子もない」が、自由とプレッシャーをつくる

新聞記者時代にお世話になった著名人たちとの時間は、今でも私にとっていい思い出である。

私は文化部に在籍していたのだが、主にスポーツネタ以外の読み物も担当していた。当時、銀座のクラブ「姫」のママでもあった山口洋子さん、『エロ事師たち』の野坂昭如さん、それぞれ直木賞を受賞する以前にエッセイなどを書いてもらっていた。田中小実昌さん、藤本義一さんなどからも原稿をもらったものだ。

面白い原稿を書いてもらうことができれば、新聞の部数が増えるのは当然である。そのおかげでずいぶんと好き勝手に仕事をさせてもらった。組織の中で好き勝手できるのは、成果を上げていればこそ、なのである。

それができた大きな理由のひとつとして、当時の社長の存在も欠かせない。私はたびたび、上司や同僚が絶句するような突拍子もない企画を提案した。

「突拍子もない」には、2つの意味がある。

文字通り**「変」なもの**。たとえば、「健康維持には、喫煙が欠かせない」とか「セックスはすればするほど、長生きできる」「健康診断は体に悪い」といった類の企画。

もうひとつは、私が勤めていた新聞社では**とても相手にしてもらえない格の人、あるいは、その新聞社とは完全に無縁の人に登場してもらうような企画**だった。

当時でいえば、「石原裕次郎独占インタビュー」とか「赤木圭一郎密着48時間」とか「吉行淳之介最新作を語る」などといったものだ。私は臆面もなく、企画会議でそうしたプランを提案した。

それに対して、社長は満足そうな表情である。

「面白いじゃないか。やれるものなら、やってみろよ」

私としては、真剣に面白いと考えて提案した企画だが、「どうせ通らない」とタカをくくっていた部分もなくはない。

ところが、社長からはあっさりとゴーサインである。挙句の果てにこう言い放つ。

「その企画ができるなら、ほとんど外に行ってろよ」

デスクにかじりついていなくていいというのだから、私にとってはありがたい。とにかく取材が好きだった。ダメ元で、さまざまな人間に会った。

社長自らが大乗り気でバックアップしてくれるのだから、こちらのプレッシャーは半端ではない。

非常識がやがて時代を支える常識になる

細かな経緯は省くが、運良く実現できたものもあれば、あえなく轟沈というものもあった。

だが、私はおおげさな物言いになってしまうが、こう考えた。

「好奇心に殉じてやろうじゃないか」

幸いなことに、探し出すのにひどく苦労はしたものの、健康ものの記事などに対しては「それ、面白いねえ」といって取材に応じてくれる医者もいた。当時はただの「変な企画」だったが、現在の医療事情を考えると、必ずしも「変」とはいえない。

喫煙によるリラックス効果が免疫力のアップにつながると主張する医者もいるし、健康診断についてては絶対にデメリットが多いと指摘する医者もいる。セックスに関しても、前立腺がん予防にはセックスがいいと唱える医者もいる。

「昨日までなかったものが明日からは常識になる。人はそれを発明と呼ぶ」

日産の電気自動車のテレビCMでの矢沢永吉さんの言葉がある。自分を発明家などというつもりはさらさらないが、今、非常識なものがやがては常識になることもあるといったらいい過ぎだろうか。

本当のことをいえば、好奇心からの遊び半分の記事だが、読者の反響はすごかった。少なくとも、新聞の売り上げには大きく貢献した。

「非常識」へ、もっとカッコつけていえば、「異端」の勝利といえなくもない。

一方、私自身も**「あの人に会ってみたい」という好奇心**は満たされた。

石原裕次郎さんには3回会うことができた。噂にたがわず、いや噂以上のナイスガイだったし、スタイル、ルックスの良さには驚嘆したものだった。同じ大学の出身でもあったからか、とにかくフレンドリーに接してもらったことは、今でも忘れない。

また、当時、きら星のごとく登場した赤木圭一郎さんとは、かなり親密な付き合いが生まれた。「第三の男」というキャッチフレーズも、日活の宣伝部の人間と一緒に考えた。

だが、人気絶頂の最中、ゴーカートで壁に激突してこの世を去った。葬儀にも列席したが、じつに悲しい出来事だった。

「高根の花」「分不相応」は、好奇心で超えられる

いささか、自慢めいた話になってしまった。

だが、こうした私の経験を紹介していいたかったことは、何度もいうように、**好奇心は仕事の原動力になる**ということだ。

「会いたい」という素朴な好奇心を一歩進めて、「仕事をしてみたい」という思いにつなげていけば、道が開けることがあるということだ。

私の企画は、働いていた新聞社にとっては「高根の花」あるいは「分不相応」だったことは間違いない。言葉を換えれば「非常識」の極みだったかもしれない。

しかし、それを実現できたことは、私にとって大きな意味があった。ただ身勝手で、会社の利益とは無縁のものであれば問題だが、その実現が会社の利益に結びついたのだから、サラリーマンとしては胸を張っていい行動だったと思う。

強い好奇心は、何であれ、物事の実現に大きな力を与えてくれるともいえる。「好奇心産」のプランは、けっこうパワフルなのである。

それもこれも、私とともに面白がってくれて、理解しバックアップしてくれたトップがいたからこそのこと。今でも感謝している。

「マスコミだからできることだ」

そんな声も聞こえてきそうだ。

だが、業種、分野が違っていたとしても、仕事において、**型にはまらないある種の非常識を持ち続けることの重要性**は変わらないと思う。

加えて、**異端であることが、結果として会社の利益を生み出す**ことも時にはあるのだ。

成果を上げる人間は、戦場を選ばない

有名なところでは「アサヒスーパードライ」で、かつてビール業界トップに躍り出たアサヒビールの例がある。

当時、アサヒはビールの売り上げで業界の最下位に甘んじていた。あるとき、若い商品開発者から「ドライなビール」の提案があった。

「ビールなんて、もともとドライなものなのだ。つまらんことをいうな」

ほとんどの経営陣はその提案を歯牙にもかけなかった。そんななか、社長だけは違っていた。

「美味いかどうか、飲んでみなきゃわからない」

そのひと言で開発の道が開けた。そして「スーパードライ」の誕生である。

その後の「スーパードライ」のヒットは誰もが知るところである。その当時の社長

こそ、後に名経営者と称賛された樋口廣太郎さんである。

もともとは、当時の住友銀行の重役だった。そして早晩、頭取になると目されていた人なのだ。ところが、なぜか関連会社のアサヒビールに異動となった。当時の経済記者によれば「飛ばされた」といわれるような人事だったそうだ。

しかし、樋口さんは同情めいた周囲の声をよそに、精力的にアサヒの経営再建に励み、アサヒを名実ともに一流企業に育て上げた。

ある経済評論家によれば、頭取になれなかった息子に慰めの言葉をかけてきた親に対して、樋口さんは「がっかりすることは何もない」という意味のことを口にしたそうである。

「成果をあげる企業戦士は戦場を選ばない」

話を聞いて、私はそんなことを思ったものだ。

アサヒビールばかりではあるまい。

かつての出光興産、トヨタ自動車、松下電器、本田技研など、**一時代を築いた多くの企業には、好奇心旺盛な「非常識な人」が少なからずいた**はずである。

これからも、そういう人が生きづらい組織は衰退していくに違いない。

枯れない男の勘ドコロ

「昨日までなかったものが明日の常識になる」こともあるという現実。自分の好奇心のままに、組織からはみ出すことは悪いことではない。

好奇心のスイッチは、いつも「オン」にする

自分の人生に対して、「指示待ち」になっていないか？

「指示待ち人間」が増えているといわれる。

「指示待ち世代」という言葉が世の中に登場したのは今から30年以上も前、１９８１年ころだったと思う。人によっては「ゆとり教育」をその原因というが、教育のプロでもない私にはさだかではない。

だが、私にいわせれば、このタイプの人間はどんな時代にも、どんな組織にも存在していたと思う。もちろん、今でもそうだ。

「指示待ち人間」というと、お役所や大企業などで与えられた仕事だけをこなす人間という印象が強いが、そうとばかりはいえない。

私が若いころ働いていた新聞社は「プロレス新聞」と揶揄《やゆ》されていて、まわりからは破天荒な人間のたまり場のように思われていたが、それでも「指示待ち人間」は編集部にも少なからずいた。

社としては、とにかく面白いネタ、売れるネタ、世間をアッといわせる切り口をモットーに、それがやれる人間を高く評価していた。それさえしていれば、どこで何をしていようが、多少品行に問題があろうがお構いなしだった。

記事の締め切りさえ守れば、上司からも細かなことはいっさいいわれなかった。出社時間もかなり自由だった。私にはもってこいの職場だった。

「指示待ち人生」を脱出するために大切なこと

だが、そんな風変わりな会社にも「指示待ち人間」はいた。

「僕は何をしたらいいでしょうか？」

入社してしばらくたってからも、そんな言葉を真顔で口にする社員もいた。立ち居振る舞いや表情は聖人君子然として、東京の築地や大手町にある大新聞社の社員だと名乗っても通用するような風貌で、性格が悪いわけではないのだが、**自分で考えて、自分で動くことができない**のだ。

「何か面白いネタはないか。街に出てみろ」

というしかなかった。

それでも、「○○さんのところへ行って、××のコメントを取ってこい」「△△の写真をどこかで手に入れてこい」「○▲の経歴を詳しく調べろ」などと、指示を出すとうれしそうな顔で出ていくのだった。

だが、この男、いつまでたってもまともな記事を書くことができない。何回書き直しても、その記事を読んだ上司はすぐにゴミ箱にポイ。

それでもめげずに書き直すのだが、ゴミ箱ポイは変わらない。業を煮やした上司がひと言、彼にいった。

「お前はボツになった理由を、なぜ聞かないんだ。わからないか……。教えてやる。

お前は、取材対象にまったく興味がないからだ。それが原稿に出ている」

ほどなく、この若手社員は退社したが、賢明な選択だったと思う。ひと言でいえば、私が勤めていた夕刊紙の記者は、「へえ、面白そう」「ソイツと会ってみたいね」「そこへ行ってみたいね」「それ、見てみたいね」という性格でなければ務まらないのである。

つまりは、**下世話、高尚を問わず、どんなものに対しても好奇心のさかんな人間**でなければ、居心地のよくない会社だったのである。

だからこそ、私のようなタイプの人間には、ピッタリはまったのである。毎日毎日が好奇心いっぱいの自分にとっては愉しい職場だったのだ。

こういうことは、何も私の働いていた新聞社の仕事に限ったものではないと思うのだが……。

自分の直感を信じて、とにかく動いてみる

私は企画を考えるときも、最初から「うちの会社じゃダメだろう」とか「どうせ断

られる」などと、考えなかった。そんな私を冷ややかな目で見る上司や同僚もいたが、意に介さなかった。

私は一応「文化部」に所属していたのだが、「面白い」と感じれば、自社とは無縁と思われる作家、芸能人、文化人に取材を敢行した。門前払いも数々あったが、めげずにトライした。

なにより、私自身は会社の中での発想が「非常識」だったと思う。

日常生活のルールについては常識的であるべきだが、**発想は非常識でいい。**

指示待ちタイプの上司や同僚からは「アイツ、おかしいんじゃないか」などと陰口も叩かれたが、意に介さなかった。仕事に関してそんな批判は、褒め言葉くらいに考えていた。とにかく、面白そうな人物には、まず会いに行った。

「プロレス新聞が、私に何の用？」

「400字詰め1枚いくら？……それ、ウソでしょう」

「ああ、あの五寸角新聞ね」

仕事を依頼するために会いに行くと、そんな言葉が返ってきた。

「五寸角新聞」とは、当時、新聞一面トップの見出しが、墨の白抜きで驚くほど大きかったことからそういわれたのである。それも毎日、「ブラッシー血の海で悶絶！」などといった具合で大げさ。

この名付け親は、確か大宅壮一さんだったと思う。

だが、なかには私の取材や原稿依頼を面白がって、仕事の依頼を受けてくれる人も多くいた。後に直木賞などの賞を受賞した作家たちもいたし、トップスターに上り詰めた俳優もいる。

特に忘れられないのが、亡くなった作家の山口洋子さんだ。

当時は、銀座のクラブ「姫」のママだったが、ふと目にした記事で「この人は書ける」と直感し、エッセイを依頼した。

最初は驚いていたが、「川北さんって、変わっているね」と笑いながら、私の突飛なリクエストを快諾してくれた。彼女もまた「面白がる人」だったようだ。その後の活躍は紹介するまでもないが、長くいいお付き合いをさせていただいた。山口さんをはじめ、野坂昭如さんにも直木賞を受賞する以前に原稿をお願いして書いてもらっていた。その連載は、毎日のように新聞の売り上げを伸ばしていた『エロ事師たち』のもとになるエッセイでもあったのだ。

とにかく、どんな仕事であれ、結果を残す人は時に非常識なのだ。

「これは」と思った人には、私はどんどん会いに行った。断られてもともとの気持ちだったから、無鉄砲に行動した。

ヤクザの親分の言葉は真理だ

『塀の中の懲りない面々』で知られる作家の安部譲二さん。その作品に中に面白いエピソードが紹介されている。ご存じの方も多いだろうが、安部さんはかつてヤクザの組員だった。

あるとき、組の事務所で若い組員がテレビを観ながら大笑いしていた。すると、親分が若い組員を突然殴りつける。何があったのかと呆然としている若い組員に親分が放った言葉が面白い。

「いいか、オレたちヤクザはなあ、テレビでもなんでも、なんかシノギのネタにならないかを考えながら、観てなきゃダメなんだ。ただバカ笑いしてるな！」

正確な記述は失念したが、そんな意味のことをいうのである。私は「なるほど」と感心したものだ。

つねに「何かカネになることはないか」という心構えは、好奇心の持ち方にも一脈通じる。ヤクザに見習えである。

「なんか面白いことないかな」とつねに好奇心のスイッチを「オン」にしておけば、そのセンサーに反応するネタは、まわりにいくらでもある。

そして、そのセンサーが「こう動け」と教えてくれるのだ。

この親分は、じつにいい感度のセンサーを持っているといっていい。たしかにヤクザがお笑い番組を見て、ただゲラゲラ笑っているだけではいつまでたっても下っ端だ。

「指示を待つ」か、「自分で指示をつくれる」かの境界線

何かできる人間は、他人が気づかない面白さに反応し、仕事をつくる。

「指示」はつねに自分の中から出てくるのだ。

そんな人間がいつの時代も動かしてきた。豊臣秀吉の出世物語などはその典型的な

ものだろうし、「今太閤」と呼ばれ、再ブームになった田中角栄もそのひとりだろう。

要は、世代論ではなく、人間のタイプの問題だ。「他人からの指示を待つか」か「自分で指示をつくるか」である。

仕事であれ、プライベートであれ、**「自分で指示をつくる人」はとにかく楽しむことがうまい。**それは、つねに好奇心のセンサーをオンの状態にしているからである。ヤクザの親分を見習えというつもりはないが。

自分の好奇心のセンサースイッチがオフになっていないか、つねに自問しておきたいものだ。

枯れない男の勘ドコロ

「非常識だ！」は褒め言葉だと思っていい。世の中には非常識を面白がる人だっている。結果を出す人は特にそうだ。

最初に、できないことの「能書き」を封印する

つねに肯定的な姿勢で取り組むほうがうまくいく

「面白そうだ」

これだけで、実際に何かをやってみるような行動派の人間に私は好感を持つ。

長年、マスコミの仕事をしてきたが、新聞や雑誌の世界でいえば、こういうタイプが大スクープをものにしたりする。書籍の編集者も同様。私がまさに「ジャストアイディア」としかいいようのないプランを口にしたときでも、感覚的に「それいけますよ」と応じてくれる編集者がいる。

そういう編集者と手がける本はヒットする確率が高い。間違ってもらっては困るが、なにも私がお世辞に弱いわけではない。それほど、私は能天気な人間ではない。

どんなことでも、まずは肯定的な姿勢から仕事に取り掛かる人間が好きだといっているのだ。「それは無理でしょう」と最初から否定する人間は、何事もできない。「しかしですね」から始める編集者との仕事は、おおむね実現しないことが多い。実現しても万事、否定的なスタンスが基本だから、面白さの欠けた人畜無害なものになってしまう。しょせん売れる商品ではなくなるのだ。

出版の仕事というのは、大きなくくりでいえば製造業なのだが、何がヒットするかどうかという点からいえば、**100%ヒットする法則など誰もわからない**のだ。

これは出版に限らず、製造、販売業に携わる人なら、ほとんどの人が同意してくれるはずだ。

しかし、ものをつくることが義務づけられている人間は、つねにつくらなければならない。特に結果を残す人間は、いつでも「何がヒットするか」を考えて、感性のアンテナを研ぎ澄ませている。

そして、そのスタートはいつも「ジャストアイディア」である。別の言葉でいえば思いつきでしかない。その思いつきに対して、「しかしですね」と否定的な見解ばかりが先行してしまう人間は、いつまでたってもヒット商品をつくることはできない。

理路整然と能書きをたれ、できない理由を並びたてることは誰にでもできる。だが、暴論を承知でいうが、**大きな結果を残すためには、ある意味で軽薄さが必要**なのである。「なんか面白そうですね」と、乗り出してくれる軽薄な相手がいるとうれしい。

そして、往々にして、物事は成り行き任せのほうが、いい結果が生まれることが多いのである。

「NO」の前に、とにかく面白がる

とにかく「NO. BECAUSE」よりは**「YES」でスタートして、動き始めた後で「BUT」の要素を検証していけばいい**と私は思っている。なんであれ物事の成功には、なによりも面白がる姿勢が欠かせないのである。

「NO」から始まる先に成功の扉はないのだ。

私自身、若い編集者と仕事をするとき、相手は対等なビジネスパートナーという基本スタンスを守る。

だが、長く編集者として、そして物書きとして、この世界を経験してきた人間として、甚だ生意気なようだが、「教えてあげなければ」と感じることもある。そんなとき、私は編集者としての技術ではなく、心構えを教えることを最優先する。

編集者として、どんな仕事に対しても「NO. BECAUSE」ではなく「YES. BUT」という姿勢を持つように諭す。

第一印象は、仮に実現の可能性が低いと感じても、**まずはできないことの能書きは封印すべき**なのだ。仕事とは、そういうものだ。

「できない」という人間は、いつ、どこへ行ってもできないのである。

非常識にお墨付きを与える

そんな私の姿勢について、いささか唐突な話になるが、もしかすると、私の小学校高学年時代の原体験が影響しているのではないかと思うことがある。

その体験をお話ししよう。

「将来の目標は何ですか？」

あるとき、担任の教師が私のクラスの全員を前にして、こう尋ねた。

時代が時代だから「お国のために役立ちたい」とか、「医者になって」「科学者になって」など、担任に指名された順番に生徒が答えていった。

正直なところ、私は子ども心にその担任との相性の悪さを感じていた。その教師は、時代が時代だから仕方がなかったのかもしれないが、いつも立派なことをいうが、なぜか口先ばかりの人に思えたのだ。

どうしても、私はその教師に心を開く気にはなれなかった。そんな私はこう答えた。

「目標はありません。面白ければいいです」

教師は露骨に「イヤなヤツだな」という顔をして、なんのコメントもせず、次いで私の後ろに座ったクラスメートを指名した。

私の半ば反抗的な態度は、当時のことだから特に問題にはならなかったが、今の時代なら、そうはいかないだろう。親は学校から呼び出されるかもしれない。「どのような教育方針で育てているのですか？」くらいはいわれるかもしれない。

その1年後、新しい担当教師も同様の質問をした。

前の担任と違って、私はこの担任が好きだった。しかし、クラスメートの手前、私は1年前の答えを簡単に変えるわけにはいかないと感じた。そこで1年前と同じ答え方をした。担任の冷ややかな反応を予想していた。

だが、その担任は意外な言葉を口にした。

「いいねえ、変わっていて……。自由でいい。目標なんて、いつかは見つかるしね」

その教師は文学好きで、いつかは小説家になること目指しているという噂だった。私の答えに理解を示してくれたその教師の影響もあってか、私はそのころから本好きになっていった。

それ以来、私は**「人は変わっていてもいいものなのだ」**と考えるようになっていった。「ヘンだ」といわれてもいいのだと思うようになった。

後になって、そのときの教師は、面白い発想をする私の個性を尊重してくれたのだと思ったものだ。私の思考パターンにお墨付きをもらったようで、うれしかった。

かなり独断的な解釈と批判されそうだが、その批判を恐れずにいわせてもらおう。前任の教師は、子どものころから教師になることを目標に生きてきた人だと思う。一方、後任の教師は仕方なく教師になったのだと思う。いわゆる「でもしか先生」である。

だが、教師としては、後任のほうが間違いなく子どもにとっていい教師だと私は思うのだ。

目標を設定しない人間は、挫折に強い

後任の教師のようなタイプの人間には、共通する特徴がある。

なによりも、好奇心が旺盛で、少数意見に対しても寛容であり、何事に対しても、判断を急がない。

とりわけ、否定的な反応をしない。おそらく、さまざまな経験を重ねながら、その教訓を蓄えてきたからこそ、どんな物事に対しても柔軟性を保てるのだと思う。

物事に対して対応力があるともいえる。

また、このタイプは、挫折に強い。というよりも、**挫折を挫折と思わない柔軟な精神**を持っている。

それに対して、能書きや目標設定に邁進するタイプは、失敗や挫折、つまり自分が

想定しなかった事態が発生するとじつにもろい。

机上だけで書き上げたシナリオには、はじめから失敗や挫折という言葉が書かれていないからである。

無駄なことをしているときに、新しい発見が生まれる

何事であれ、きちんとした目標を持つことは悪いことではない。

しかし、**設定した目標にあまりこだわってしまうと、思考や生き方が硬直化してしまう**。それでは、新しい物事への柔軟な対応力も損なわれる。目標という名の綱をいつも力いっぱい引っ張っていたら、好奇心、想像力の出番はなくなる。

好奇心、想像力に導かれて、時に「朝令暮改」をすることも必要なのだ。

出版社の編集者をはじめ、ものをつくってヒットを目指す仕事に就いている人間の最優先課題は「今までなかったものをつくること」だ。これ以外にはない。

しかし、「目標、目標」と念仏を唱えながら、机に座って本や資料とにらめっこし

ていたところで、計算通りに面白い企画が生まれることなど、まずない。えてして、画期的なヒットのタネはとんでもないところに落ちているのだ。

アルキメデスは風呂に浸かりながら浮力の法則を発見したし、ニュートンは庭を散歩しながら、木から落ちるリンゴを見て引力の法則を発見した。

最近の例でいえば、2015年にノーベル生理学・医学賞を受賞した大村智さん。アフリカで年間数千万人が感染するオンコセルカ症の特効薬イベルメクチンの発見と開発を果たしたが、もともとは採取したゴルフ場の土が発端だった。ゴルフ好きの大村さんがプレー中に採取したのか、それとも採取に行った場所がたまたまゴルフ場だったのかは定かではないが……。

いずれにせよ、**多くの大発見や大発明のヒントは、目標などを意識せず、いわば無駄なことをしていたり、あちこち道草を食っているときに芽生える**のではなかろうか。目の前の成果ばかりを求めていたのでは、ユニークなことはできないのだ。

「瓢箪から駒」のたとえ通り、世の中は何が起こるかなど予知できないことが多い。とりわけ、人間の頭に浮かびあがることなどはその最たる例といっていい。

「備えあれば憂いなし」の真相

誤解を恐れずにいえば、目標など設定せずに「面白きゃいい」と思って生きていくことも、いちがいに批判されることではないだろう。

「備えあれば憂いなし」

準備が整っていれば、どんなことが起きても案ずることはない、不測の事態に備えて、日ごろからの準備が大事ということだ。

だが、身も蓋もない言い方になってしまうが、**準備を整えておいても想定外のことが起きる。それが世の現実**である。

火事や地震のときの防災訓練なども、やらないよりやったほうがいいかもしれないが、それでもまったく想定外のことが起こるのが天災だ。そのときの対処の仕方のほうをもっと訓練しておいたほうがいいのではないかとも思う。つまり、瞬間対応力の訓練である。

天の邪鬼の私はこう考える。

「備えあっても憂いはあるし、備えなくても憂いなし（のこともある）」

きちんと目標を決めて計画的に行動する人は、とかく想定外の事態への対応力に乏しい。

野球にたとえれば、相手の投球を読んでかまえるより、自然体で投球を待つ打者のほうがヒットの確率が高くなるとでもいおうか。剛速球、ツーシーム、チェンジアップ、なんでもござれのスタイルでいこうではないか。ホームランは打てなくても、どんな球にも対応できる。そんなバッターが好打者なのである。

そんな姿勢でいれば、どんなボールでも止まって見えるかもしれない。

通りの向こうで風邪が流行っているという噂を聞きつけて、「怖い、怖い」と布団をかぶって寝て待っているような人生はご免だ。

枯れない男の勘ドコロ

まずは「イエス」といえること。少数派、非常識に対してもつねに寛容であること。「ノー」をいうのは、試した後からでも遅くはない。

1回きりの人生、受け身で終えるのはもったいない

本にあって、ネットにないもの

たとえ「アナログ人間」といわれようが、パソコンに依存するつもりはない。もちろん、その便利さは認める。簡単な調べ物にはインターネットは便利だし、事務的な連絡にはメールのほうがいいことも多い。

実際、パソコンをまったく使えないと、仕事にも不都合をきたすと感じて、パソコン教室にも通って、簡単な操作はできるようになった。

しかし、いくらインターネットの世の中になったとはいえ、ネット検索だけで事が足りるとは思わない。

原稿執筆に必要な古い出来事を調べたり、古い文献にあたるときなどは、必要に応じて図書館に赴いて調べたりする。なにより、図書館で資料を閲覧していると、時代の肌触りを感じることができて楽しい。

また、そんなときに、資料とは直接は関係のない、忘れていた出来事やその時代の体験が鮮明に蘇ってきたりもする。

パラパラとページをめくっていれば、調べようとしていた事柄とは別に、興味深い情報が得られたりもする。それが原稿執筆に大いに役立つこともたびたびある。文字通り**「余禄」に巡り合える**のだ。

「余禄」は今では、「意外な収入、利益」という意味で使われることが多いが、もともとは**「主要な記録以外のもの」**という意味だ。調べようとしていた記録以外に臨時収入が得られるのだから、一石二鳥ともいえる。

私自身、暇にまかせてインターネットのページをめくる、いわゆるネットサーフィンをすることもある。そんなとき、ごく稀に「余禄」に巡り合うこともなくはないが、私はいまだに「紙人間」なのだ。

人には直接会わなければ、できないことがある

人間関係においても、同様のことがいえるのではないか。

仕事であれ、プライベートであれ、直接会わなくとも、万事、メールや電話ですませばいいというスタイルの人が多いが、私はそうは思わない。

どんなに長い付き合いで気心が知れている関係であっても、直接会えば、新しい発見があったり、新鮮な情報が入ってきたりするものだ。第一、会った人の顔色や話し方は実際に相対してみないとリアリティがないではないか。

原稿執筆などに関しても、いえることだ。

長くこの仕事をしていると、興味のある対象に書き手が直接アタックして入念に取材して書いた原稿と、資料だけを元に書いてある原稿との違いが手に取るようにわかる。いい原稿は「体温を感じる」とか「呼吸が伝わってくる」といわれるが、その通りである。

体温のないものは本物ではない。

情報を取りにいく人間、情報を受けるだけの人間

要は、能動的か受動的かの違いともいえる。デスクに座ったままパソコンだけを相手にしているだけでは見える世界も限られる。

ネットを使えば世界中どこでも行くことができ、あらゆることを体験できるようなことをＩＴ関係者がいっていることを耳にする。

しかし、私にいわせれば、それは違うと思う。

自ら体を動かして現地に行き、直接体感することと、ネット上で受け身の姿勢で触れることとではまったく違うのだ。

「お伝えしたいことがありまして、メールいたしました」

仕事に関して、そんな書き出しで、結構なボリュームのメールが届くことがある。ご丁寧に参照するようにとインターネットのＵＲＬが添付されていたりする。「電話くらいほしいものだ」「会って話すべきではないか」と感じるときも少なくない。

そんな相手に対しては、「オレが嫌いなのか」などと感じることもあるが、どうもそうではないようだ。おそらく、生の人間と会うのが面倒なのだろうとあきらめている。何事もネットで済ませるから、体温がない。

現実に、多くの人間がネットに依存している。そのせいで外へ出る**行動力もなくなっている**ようだ。

テレビドラマではないが事件は現場で起こっているのだ。現地へ行かないで映像だけで何がわかるのかといいたい。

草食系男子がなぜ増えたのか

暴論と思われそうだが、若い男性たちの草食化がいわれて久しいが、この草食化も、**何事に対しても受け身であることが関係している**と思えてならない。

・女性と知り合う機会を自分からつくらない。
・誘われても応じない。

・自分から話しかけることをしない。

女性から声をかけられる機会を待つだけである。

これでは、「肉を食べる機会」など訪れるはずがない。その結果、だんだんと肉を求めなくなり、やがて食わず嫌いに陥ってしまうのではなかろうか。

もちろん、生まれながらにして、草食だったわけではないだろう。**何事にも消極的になった結果**、自分の中に芽生える女性への関心を封印するクセがついてしまったのではなかろうか。

つまりは、女性に対して芽生えた好奇心を行動に移すこともなく、長く放っておいたがための草食化なのではあるまいか。

女性に話しかけて相手にされなかったら恥ずかしい、またコミュニケーションをどうとったらいいかわからない、つきあってもうまくいかずに自分が傷つきたくないなど、理由はさまざまだろうが、これでは女性との付き合いなどできるわけがない。

他人の人生だから、とやかくいうことではないかもしれない。

だが、少しでも女性への関心があるのなら、じつにもったいない話である。つきあいたい、セックスしたいと思うなら、まずは自ら行動に移すべきだろう。

それとも、女性のオールヌードを見ても、なんとも感じなくなったのか。

人間の植物化なのかもしれない。

この傾向は、何も若い世代ばかりではない。多くの男性たちが、女性への関心だけに留まらず、人間や社会への関心の寄せ方や行動においても、ずいぶんと受動的になっているように感じる。

その原因がすべてインターネット社会のせいだというつもりはないが、決して無縁ではないと私は思う。せっかく芽生えた小さな好奇心を育て、自分の人生に花を咲かせるためには、すべてにおいてもっと能動的になるべきだろう。

とにかく、まず**一歩だけ動いてみる**ことだ。**頭の中だけでできることは限られているのだから**。いくつになっても、何でも見てみよう、やってみようの精神をもっと養いたいものだ。

生の人間、生の現実は好奇心を芽生えさせる絶好の素材なのに、じつにもったいない話だと思う。

枯れない男の勘ドコロ

「なんだ、これ？」の芽生えをそのまま放っておかないこと。動いてみれば発見がある。

「心の草食化、小食化」はちょっと寂しい。

心の中に浮かんだ「好奇心」に水を与える

一緒にいて楽しい人の秘密

知り合いのライターに異色の経歴を持つ男がいる。仮にA氏としておこう。

もともとは地方の市役所の職員だったのだが、30歳を過ぎて転職した。30年ほど前のことだ。少し前まで、私のビジネスパートナーとして、何度も一緒に仕事をした。

まず私の仕事から説明しよう。

現在は、単行本の執筆が主な仕事になってはいるが、新聞記者からの脱サラ後のスタートは今でいう出版プロデュース業だった。

その仕事は「面白そうだな」と感じた人物に書籍の企画を持ち込み、同時に出版社に売り込んで書籍の刊行にこぎつけるのである。

そんなとき、いわゆる「著者」が原稿をすべて書く場合もあるが、その人が多忙であったり、文筆力が今ひとつの場合など、原稿に大幅な手直しをしたり、話を聞いてこちらが原稿をまとめ上げることもある。

そんなとき、共に仕事をしたA氏はきわめて有能だった。とにかく知識が豊富、特にいわゆる雑学に関しては、こちらが舌を巻くほどだった。

なによりも、**ノリのよさ**がある。仕事の過程においても、壁にぶち当たっても、さまざまな解決策を提示してくる。ビジネスパートナーとして、一緒に仕事をしていて楽しいのだ。

多少、軽率でも 腰の重い人間よりはいい

あるとき、そんなA氏になぜこの仕事を始めたのか尋ねてみた。安定した公務員の職を捨ててまで、ライターになったのには、それなりの理由があるはずだ。悪さをし

て公務員をクビになるような男ではない。

「好奇心と弾みです」

A氏の答えである。じつにいいなと思ったのは、その「弾み」という言葉だった。とにかく30歳を過ぎて、好奇心と弾みだけでライター稼業に転じたことに、私はこれまで以上に彼に好感を抱いた。

なぜなら、マスコミの仕事に携わる人間にとって、**好奇心とノリのよさは必須**のものだからである。たとえ軽薄であっても、座ったままの腰の重い人間よりははるかにいい。こういうタイプこそが、いい仕事をするのである。

えてして、マスコミの仕事は、能書きは立派、志望動機は論理的というタイプに限って、仕事は平凡というケースがほとんどだからである。

「好奇心のない者は、この業界から去れ」

私はそういいたいほどである。

さらにいえば、これはマスコミ関係に限らず、**どんな業種にも共通のこと**だと私は思うのだ。

A氏は、さらにこう続ける。

「仕事だから、依頼が来れば『知りません、できません』なんていってられない。相手はさまざま。今日は政治家、明日はAV関係者、明後日は漁業関係者などなど。下調べは大変だけど、好奇心を満たしてもらって、お金がもらえるのだから……」

男の運命は、「弾み」が変える

そのA氏の転職のきっかけがじつにユニークだ。

彼の公務員時代、市長が収賄で事情聴取を受けた。中央政権にも飛び火しそうな事件だったため、連日、東京からテレビ局をはじめ新聞記者、雑誌記者などが市役所へ取材に駆けつけた。

彼自身はもちろん関係はしていなかったが、勤めを終えての帰宅途中、ある有名週刊誌の記者に声をかけられた。話を聞かせてもらいたいという。

いったんは断ったのだが、「迷惑はかけないから」という言葉を信じ、取材に応じた。記者はまわりにバレないように気を遣い、タクシーで隣の市まで彼を連れ出した。

彼自身、市長については、仕える身ではあるものの、日ごろから「いかがなものか」

という立場だったため、取材に応じたのである。

取材場所は、その街でも高級とされる小料理屋。好きな酒、美味い料理を振る舞われ、「こんなにお金を使わせて申し訳ない」という思いから、知り得る限りことを話した。

それはともかく、彼が感心したのは、その記者の話の聞き出し方、それに下調べの周到さだった。なにより、テレビドラマに出てくるような、その記者の佇まい、風貌、物腰に惹かれた。

「面白そうな仕事ですね」

A氏の言葉は、これだけでは終わらなかった。

「どうすれば、あなたのような仕事ができるのですか？」

このひと言が、彼の運命を変えてしまったのである。細かい説明は省くが、これが縁で、A氏はこの記者のアシスタントを経て、フリーライターとして生きていくことになったのである。

「転職してよかったと思いますよ。なにしろ、面白いですから」

生活は公務員に比べたら不安定だが、定年はない。生涯で考えれば、稼ぐ金は多くなるはずだともいう。

「毎日判で押したような仕事をするより、今の仕事のほうが、好奇心だけで生きてきたような私の性分に断然合ってますから」

そんな彼の座右の銘がある。

「好き嫌いは、どうでもいい」

じつにシンプルだが、**好奇心育成には欠かせないメンタリティ**である。

何もしなければ、すべては虹のように消えていく

とにかく、仕事であれ、プライベートであれ、自分の中に生まれた好奇心をそのまま放っておくことは、成果を上げるチャンスを失うことだし、日々の生活をとてもつまらないものにしてしまう。

大げさにいえば、**自分のさまざまな可能性を閉ざしてしまう**ことだと肝に銘じておいたほうがいい。

「なんだ、これ？」

「面白そうだな」

「課長、おかしなことをいうな」

「本当かよ？」

「へえ、知らなかった」

「オレもやってみたいな」

「オレにできるかな？」

「きれいな人だな」


生きている限り、日々、人間はそうした思いを抱く。それが普通ではないかと思う。いや、人間が生きている時間すべてが、その繰り返しといっていいかもしれない。

時に、その思いが雷のように衝撃的であったりすれば、一歩前に進めて、好奇心の対象にアプローチすればいい。

だが、それはじつに稀なこと。

ほとんどは一瞬の虹のように消えてしまい、そしてそんな思いがどんなものであったのかはもちろん、そんな思いを抱いたことさえ忘れてしまう。

もちろん、そんな思いは、**自分の意識とは関係なく浮かんでくる**。理由も脈絡もないものだから、その一つひとつにお付き合いしているわけにはいかない。

だが、それでも、**もう少しきちんと付き合っていけば、自分の生き方にプラスになる**のではないか。

かすかに浮んだ好奇心という種に、水を与える機会をもう少し増やしてみてはどうかということだ。

「なんだ、これ？」と感じたら、調べてみる。
「面白そうだな」と感じたらやってみる。
「本当かよ？」と感じたら間違い探しをしてみる。
「きれいな人だな」と感じたら話しかけてみる……。

それが好奇心の種に水を与えるということだ。

それが人生の愉しみを見つけることにつながる。仕事を充実させることにも通じるのだと私は思う。

もちろん、そのすべてが発芽することはないだろう。ほとんどは枯れてしまうかもしれないし、自ら水やりを放棄することもあるだろう。

だが、その中のわずかな種が発芽し、葉をつけ、やがて実を結ぶこともあるに違いない。

「好奇心と弾みです」

「好き嫌いはどうでもいい」

そう言い切ったA氏の楽しそうな顔を見て、私はそんなことを感じたものだ。

枯れない男の勘ドコロ

人生を楽しむことは、「思い」にきちんと付き合うことから始まる。人の「思い」は、放っておけば、虹のように消えてしまう。

わき見、よそ見で五感を刺激する

いくつになっても週4日は、オフィスに出勤する理由

「ずいぶんとうれしそうに出かけていくのね」

その言葉にやや皮肉の香りが漂う。

正月休み、夏休みはもちろん、月曜日の朝であっても、しばしば妻がそんな言葉を発する。私は今でも週に最低4日は自分のオフィスに出勤するのだが、家でじっとしていることができない私への妻の定期的挨拶になっている。

結婚以来、仕事、遊び、あるいは妻には内緒の用件など理由はさまざまだが、家に

長時間いることができない。

正月も2日には、必ずオフィスに足を向ける。オフィスに届いた年賀状のチェックと返信書きという作業がある。私のような生業の者には、年賀状のやりとりは仕事の一部といっていい。現役を退いて悠々自適な暮らしをしている人と違って、私の場合、公私を問わず、新しい知り合いができる。そんな人たち全員に年賀状を書いたつもりでも、うっかりして書き忘れていることもあるから、それを確認するためにオフィスに顔を出すことにしている。

とはいっても、それは外出するための方便でもある。

とにかく、**家にじっとしていられない**のだ。

「目の保養」を忘れてはいけない

最寄駅まで歩く間、電車の中、オフィスまでの道、いつもと違う正月特有のいでたちの人々や街の風景を見ているだけで新鮮な気分になれる。

ことに、私のオフィスに近い渋谷の道玄坂界隈は、着飾った若い女性を見ているだけでじつに楽しい。正月に限ったことではないが、目の保養にはうってつけだし、ファッションやメイクの流行がわかって、勉強にもなる。

若い女性にはお馴染みの「109」に立ち寄ることもある。入った途端、ブティックの女性店員の大胆なファッション、どこからともなく漂う甘いフレグランスに心も華やぐ。女性が多い場所は愉しい。

正直なところ、魅力的な女性を見かけると、時に男としての妄想が膨らむこともある。「いやらしい」という人もいるかもしれない。それは甘んじて受け入れる。だが、そんな人にはこういいたい。

「あなたは、枯れてしまった男か、もしくはウソつきだ」

こちらはなにがしかの目的を持って女性を物色しているわけではないし、ましてやストーカー行為をしているわけでもない。ひとりの健全な一人の男にすぎない。

ただ一心不乱にわき目も振らず目的地に向かうことが、健全とは限らないのだ。視野狭窄に陥っているかもしれないからだ。

「SEE」から「WATCH」のススメ

なぜ、私は街に出ることが好きなのか。

あるとき、それは「わき見」「よそ見」の楽しさなのではないかと思い始めた。

必ずしも何かの目的があって歩いているわけではないのだが、**わき見やよそ見には「なんか面白いこと」を探す潜在意識が働いている**と感じる。

そうした視線で歩いていると、時に新鮮なもの、意外なもの、とんでもないものに出くわすことがある。

無名のミュージシャンが街頭で演奏していたり、パントマイムをしていたりする。少し前などは、まったく動かないというパフォーマンスをしている外国人男性に出くわし、しばし足を止めてしまった。

そうかと思えば、渋谷のいわゆるラブホ街から、目を疑うようなあられもない姿で出てきた女性もいた。かなりの美人なのだが、酒に酔っているのか、理由はわからないが、しきりにミニスカートの中を手でまさぐっている。セクシーを通り越して挙動がちょっとおかしい女性だった。

また、マナーを弁《わきま》えない外国人観光客もしばしば目にする。大声でしゃべったり、ものを食べながら、他の歩行者の迷惑も顧みず、わがもの顔で歩道を歩く。怒りが湧いてきて大声で「どけ」と怒鳴ってしまったこともある。まわりにいた人が驚いていたが、ほどなく「よくぞいった」という無言のエールを感じた。

街は、五感の刺激装置である

また、新しい飲食店を見つけることもある。食道楽を自認する私としては、これも楽しい。カラフルでオシャレな佇まいのフレンチ、イタリアンのレストランやカフェ。渋いつくりの和食店や日本そば店。通り過ぎただけで香ばしいにおいが漂う鰻店など、ランチやディナーのバリエーションが増えていく。

さらに、メンズファッションの店を覗いて、好みの服やアイテムを探し、素材の感触を確かめたり……。着道楽でもある私にとっては、これも楽しい。

若い女性、大道芸人のパフォーマンス、不思議な人、飲食店、ファッション店など、わき見、よそ見をしながらの街歩きは、五感を刺激してくれる。

ちょっと大げさな言い方になるが、**「生理現象として見える＝SEE」に始まって、「自覚的に見る＝WATCH」することで、新しい発見が生まれる**のだ。好奇心を失わないコツともいえるのではないか。


「よそ見は、大けがのもと」

そんな格言がある。『ドン・キホーテ』の作者セルバンテスの言葉と記憶しているが、一面の真理にすぎない。

街歩きで五感を刺激して、鋭敏さをいつまでも保つことは、いい人生には欠かせない。そうしていれば、好奇心も健在だ。


「家でゴロゴロしていないでよ」

妻にそういわれるようになったら、私の進化はなくなる。

最後にひと言。私は、クルマは所有しているが、運転免許は持っていないことを申し添えておく。わき見運転の可能性はない。

枯れない男の勘ドコロ

視野狭窄に陥っていないか？「一心不乱でわき目も振らず」が健全とは限らない。

「スケベ」といわれたら、大いに喜ぶ

下戸でも銀座でモテる男の流儀

「さあ、白粉《おしろい》の匂いでも嗅ぎに行こうか」

これが口グセの知人がいる。古希はとっくに過ぎたが、現役のグラフィックデザイナーである。

この言葉、「銀座のクラブに行こう」という意味である。白粉とはいささかアナクロだが、ここ数年こそ回数は減ったけれど、数年前までは銀座にしょっちゅう足を踏み入れていた私には、その意図は十分に伝わる。

夜ともなれば、きらびやかなドレスに、少々きつい香水の女性が蠢《うごめ》き出す街、銀座。どちらかといえば、若いころから清楚な女性よりも、濃いめの化粧で妖艶タイプの女性が好きな私だから、知人の気持ちはよくわかる。

この彼がなぜ「銀座に飲みに行こう」といわずに「白粉の匂いでも嗅ぎに行こう」というのか。

それには理由がある。目的は女性だからである。それに彼はまったく酒が飲めない。下戸なのである。それでも夜の銀座が大好きで、一晩に何軒もハシゴする。そして、彼の腹はコーラでいっぱいである。それも目の玉が飛び出るほど高価なコーラである。

今は孫もいて、家ではいいお爺ちゃんぶりだが、いまだにセックスのほうは現役のようである。若いころから、かなりの数の銀座の女性と大人の関係を結んだはずである。

私も何度か彼に誘われ、「白粉」の匂いを嗅ぎに付き合わされたことがある。彼とは銀座のテリトリーが違う。だから、行くのは私の知らない店。こちらも女性のいる店に行くのは嫌いではないから、「やぶさかではない」のである。「いい女、いるかな」とスケベ心も頭をもたげる。

とにかく、彼に関しては、銀座でよくモテるという評判は聞いていた。彼の流儀をお手並み拝見というわけである。

「なるほど」

彼のクラブでの立ち居振る舞いを見て、そう感じた理由が2つあった。

ひとつは、会話術である。

店では絶対に家庭と仕事の話をしない。店では「謎の陽気な紳士」で通っているらしい。

「仕事は何しているのかな？」

「奥さんはいるのかな？」

「歳はいくつなのかな？」

彼がトイレに立ったときに女の子たちが私に聞いてきた。彼の馴染みの店、馴染みの女性であるにもかかわらず、である。

だが、私はもちろん知ってはいるが、彼の素性を明かすことは、私の流儀に反する。

「いやあ、俺もよくわからないんだよ」

そう答えれば根掘り葉掘り、尋ねてくることはない。

さすがに銀座のクラブのホステス。アルバイトのキャバクラ嬢とはちょっと違う。

下心を持つのは、男として当たり前

男たちは、座っただけでン万円の店になぜ足を運ぶのか。

「非日常を楽しむ」

ただこれだけである。**非日常の世界には「日常」は不要**だ。仕事も、家庭も一時忘れて楽しむのが「粋」というものである。

「家庭にセックスと仕事は持ち込まない」

これは、タモリさんの名言である。さしずめ、彼なら、「銀座に家庭と仕事は持ち込まない」というところか。モテる秘訣、その一である。

2つ目。彼は、とにかく**すべての女の子に優しい**。

いくら銀座の一流店とはいえ、なかには「？」と感じる熟女世代もいれば、人並みの容姿の女性もいる。彼女たちも、それぞれに妖艶さ、かわいらしさ、面白さ、頭の良さ、トークのうまさなど、自分のセールスポイントを武器に仕事をしているわけである。

彼は、どんなタイプの女性が席についても「ウェルカム」である。

さらに、こちらが赤面するくらいあからさまに褒めまくる。

「鼻がやや低めなところがなんともかわいい」

「脇腹のふくよかな肉が柔らかくて心地いい」

「そのちょっと太い腕を枕にして寝てみたい」

褒めているのか、けなしているのかよくわからない。だが、彼女たちは上機嫌である。

「お見事」

私にはできない芸当だ。私はどちらかといえば、**意図的に憎まれ口をたたいて、女性たちの笑いを誘ったりして、打ち解ける**タイプである。

「あれ、まだいたのか。昭和から、この店にいるよな」

「チャーム（おつまみ）は要らない。その分、安くしろ」

「早退しよう、一緒に……」

これが私の流儀である。

銀座の女性はタフである。この程度の言葉は、挨拶代わりくらいに受け流す。それでいいのだ。

もちろん、こちらも、相手を拒んでいるわけではない。面白がっているだけで、本当に傷つけようと思っているわけではない。この程度の軽口でメソメソするくらいなら、別の仕事を探したほうがいい。

実際、私の流儀は彼とは正反対だが、これはこれで、フランクな会話ができるきっかけにはなる。

要は、会話術の問題なのである。

「だって、結婚相手を探しに来ているわけじゃないだろう？」

彼は、誰にでも優しく接する理由をそう話す。彼の銀座における流儀である。

そうはいっても下心がないわけではない。彼も、そして私も正真正銘の「スケベ」なのである。スケベでない男が夜の銀座に来るわけがない。

だが、相手もプロ中のプロ。スケベのかわし方はじつにうまい。メイクラブまでこぎつける確率は低いということだけは、忘れてはいけない。銀座は大人の「恋愛ごっこ」をする場なのである。

彼や私の場合、「主な恋愛ごっこ」の場は銀座だが、人それぞれに自分に合った盛り場を見つけられるのではないだろうか。

スケベを隠すから、いやらしくなる

以前、こんなことがあった。

還暦を過ぎた知人を銀座のクラブに連れて行ったときのことだ。独身である。付き合いは長いのだが、それまで交わした会話、立ち居振る舞いから推測して、60年以上、女性と親密な付き合いをしたことがないように思えた。といって同性が好きというわけでもない。

よくいえば「シャイ」、悪くいえば「意気地なし」の性格が災いしてか、女性を誘ったりできなかったのだと思う。ひと言でいえば、モテない男である。

最近は、若い男たちに間で増加傾向といわれているが、「まさかチェリボーイ？」と思わせるような男だった。その彼を連れて行った店で、席に着いたホステスが開口一番、彼に向かって、こう切り出したのだ。

「○○さん、あなた、スケベでしょ」

私も驚いたが、いわれた彼は茫然自失の様子だった。

「そ、そんなことはないよ」

彼は顔を真っ赤にして、こういうのが精一杯だった。突然、そんな言葉を口にしたホステスもホステスだが、彼の狼狽ぶりは、見ていてもかわいそうなほどだった。

「えっ、なんでわかったんだ。オレはスケベだよ。でも、それが何か？」

私ならそう答えていたと思う。男女を問わず、世の中にスケベでない人間はいない。スケベでないと断言する人間がいたとしたら、その人は大ウソつきである。

「私はスケベです」と問われもしないのにいう必要はないが、**スケベであることを恥じる理由はどこにもない**。

異性に性の対象として接するには、接し方を考えなければならないが、じつに健全なこと。それがスマートにできないと、何かと異性に対して違和感を覚えさせる態度になってしまうのだと私は思う。

健全に発散されない性欲は、間違いなくどこかウェットで重たい。件のホステスさんは、私の知人が醸し出す雰囲気に、それを感じ取ったのではないだろうか。

「この人、いやらしい……」と。

スケベは隠すから、いやらしくなるのだ。

女性も「ドライで軽く」を求めている

一方、グラフィックデザイナー氏のスケベは違う。ドライで軽いのだ。

そんな彼の口説き方には、ひとつの傾向がある。どちらかというと、誰もが目を見張るような容姿の女性たちは、彼にとっては対象外のようだ。

「きれいな女はマグロ。それも冷凍。食べられるようになるまでに、時間も金もかかる。その割には味もいまひとつ」

経験を積んできた彼の持論だ。さしずめ、彼が好むのは、高級魚ではないが、リーズナブルな価格で手に入り、味もいい新鮮な地魚か……。

「ストライクゾーンは大きく」

これが彼の口グセ。好みの外見や性格にこだわらない。野球のバッターにたとえれば、的を絞ってばかりでは、見逃し三振ということもある。だから、自然体で打てる球を待つということのようだ。

とかく、**年齢を積み重ねると、一つの価値観に執着する傾向が強くなる。**

「こうでなければならない」

「こうあるべきだ」

「自分はこうやって生きてきた」

いわば、**思考に動脈硬化の症状が現れる**のである。女性の好み、その対応の仕方などにもそれは現れる。

「この女性、面白い」「こういうタイプは新鮮だ」で、相対してみればいいだけの話だ。ましてや、相手も結婚相手として考えているわけではないのだ。

「メイクラブ」に至るかどうか別として、彼はどんな女性に対してもつねに柔軟に「ウェルカム」である。

その姿勢は、仕事、プライベートを問わず、すべての人間関係に共通しているようだ。こうした姿勢は、人生に潤いを与えることに違いない。

すべからく女性に対しては、もっと「ドライに軽く」接してみてはどうだろうか。女性の側も「ドライに軽く」を求めていることも多いのだ。

「オス」であることを忘れてはいけない

それを実行するかどうか好みの問題だが、私には中高年の婚外恋愛を否定するつもりはない。また、正直にいえば、その資格もない。

ただ、いえることは、**男はいくつになってもオスであるべき**だ。私はそう思っている。

そのスタイル、ノウハウはさまざまだから、ここではコメントしないが、オスで生き続けるためには、婚外恋愛という選択をする人も多いはずだ。

「騙《だま》すことは悪いこと。でも、嘘をつくことは悪いことではない」

もう亡くなったが、プレイボーイの名をほしいままにした歌手のディック・ミネさんの言葉だ。家庭を壊さずに、伴侶以外の女性との時間を持つことも枯れない男には**必要**なのではあるまいか。

「妻にバレなければ、浮気はこの世に存在しないことと同じ」

「60歳を過ぎたら、不倫もなにもスポーツのようなもの」

「バイアグラ、シリアス、レビトラは血管の掃除をしてくれる」件のグラフィックデザイナー氏の言葉は、「なるほど」である。

実際にセックスするかどうかは本人次第だが、**女性に対する好奇心は死ぬまで持ち続けるべき**だろう。

あのアメリカのトランプ氏を政治家として、人間としてリスペクトするかどうかはともかくとして、女性好きのキャラクターだけは、私としても支持できる。

サイレント映画の時代にセックスシンボルといわれた、大女優メイ・ウエストがこんな言葉を残している。

「An orgasm a day keeps the doctor away. 一日1回のオーガズムで、医者いらず」

男なら、さしずめ、「一日1回の射精で、医者いらず」か。

枯れない男の勘ドコロ

男も女もみんな「スケベ」だ。セックスするかしないかは関係なく、オスであることを忘れずに生きていけば、枯れることはない。

第3章

男が「枯れる」とは どういうことか

「裸の王様」になってはいけない

中高年層に品格はあるか

それにしても、至るところで見受けられるのだが、**マナーがなっていない中高年者**が多い。何のための年齢かといいたい。

エレベーターや建物の入口、出口、あるいは電車の乗り降りの際などで先を譲っても、礼の言葉はおろか会釈のひとつもない。

さまざまなショップや飲食店でも、店のスタッフに横柄な態度で接する。**他人への敬意、他人の仕事への敬意が欠けている**のである。

オヤジもオバサンも、ジジイもババアも、である。

なにが彼らをそうさせているのだろうか。

まだ現役の中高年なら、会社で高い地位についているのかもしれない。リタイア組なら、それなりのキャリアを積んだのかもしれない。

当事者にとっては、理由はさまざまなのだろうが、見ていて不愉快な輩が多すぎる。

過去の地位やキャリアが高い？　それがどうした？

先日、実際に遭遇した光景がある。

私が調べ物をするために図書館に行ったときのことだ。他の項でも述べたが、気になった資料は、書籍であれ、新聞や雑誌であれ、原則的にネット検索だけでは終わらせることはない。そんなとき、図書館はとても便利だ。

さて、その光景だが、9時キッカリに来てソファーに陣取ったであろうひとりの高齢男性が、いきなり若い女性係員に食ってかかっている。

「なんで、××スポーツがないんだ！　これくらい用意しておけ！」

「誰の税金で食わせてもらっているとと思っているんだ！」

その後もブツブツ。

彼らにとって、図書館は、いわばオアシスなのかもしれない。

なぜか、こういうタイプの人は図書館でも本を読まないのだが、タダで新聞や週刊誌が読めて、夏は涼しく冬は暖かい。無理難題をいっても、腰の低い係員が頭を下げてなんとか対応しようとしてくれる。こんなに居心地のいいところはないのである。

この場所で、ソファーにふんぞり返って、大きく広げたスポーツ新聞を読んでいれば、時間つぶしになる。お金もかからない。

家で文句をいえば、その100倍の反論が返ってくる女房のかわりに、低姿勢の女性係員に偉そうな口を利いているのだろう。

図書館のみならず、**たかだか会社の地位や過去のキャリアを拠り所にして、他人に対して横柄に接し、威張り散らす姿は、同世代の男として情けない**限りである。

好きも嫌いも、すべて好奇心の種である

こういう横柄な態度で生きていると、知らず知らずのうちに他人との距離がどんどん広がってしまう。

他人との至近は褒められたものではないが、**「つかず離れず」を保つべき**だろう。それが一番の理想である。

当然ながら、最低の礼儀やマナー、コミュニケーション力も必要だ。なぜなら、**人は、ひとりでは生きられない動物だから**だ。話し合ったり、共感し合ったり、刺激し合ったり、時には助け合ったりして生きていく。

その中でさまざまな感情や、感動が生まれる。そうした交流の中で、好奇心が芽生えるのだ。

もちろん、さまざまな人との交流の中では好ましいと思う人もいれば、そうではない人もいる。面白い人もいれば、つまらない人もいる。

だが、その**すべての人が、好奇心を呼び起こすきっかけになる**のだ。

好ましいと思えば、積極的にコミュニケーションを図ればいいし、そうでない人であっても、それなりに観察して、なぜ好感が持てないかを考えるきっかけにすればいいだけの話。それもまた面白いではないか。

好きも嫌いも、自分の好奇心の種になる。

だが、他人に対して威張り散らしたり、上から目線で臨んだり、相手の立場を無視したりするようなスタンスでは、そんなきっかけをどんどん減らしてしまうことになる。

「あんな人はまともに相手をしていられない」

そう思われたら、おしまいである。

「裸の王様」に、他人は何も教えてくれない

イヤな中高年を見てしまった図書館でのことだが、残念なことに私が探していた本はそこにはなかった。館内の検索用のパソコンを使えば、どこの図書館に所蔵してい

るかが調べられるのだが、係の女性に直接尋ねた。パソコンが苦手な私は、ちょっと横着をしたわけである。

「○○という本が置いてある図書館は近くにありますか？」

するとその女性は、目の前にあるパソコンに向かい、私に操作方法を教えながら、自らパソコンを操作し検索してくれた。

「××図書館か△△図書館には置いてあります。お急ぎでなければ、取り寄せましょうか？　2日ほどかかりますが……」

じつに気持ちのいい応対をしてくれた。おまけに、操作方法も覚えられた。

人としてのマナーを守り、相手、そして仕事への敬意をもって接すれば、相手はきちんと応えてくれる。おまけに、パソコン操作まで教えてくれる。

「強いだけ、威張るだけではガキ大将の座は安泰ではない。ある程度みんなの自由を認め、楽しく愉快に遊ばせる知恵や工夫がないと、人心を掌握できない。それができると、まとまりができて、合戦などのときに強みを発揮する」

亡くなった漫画家の水木しげるさんが、自分がガキ大将だったころのことを思い出し、子ども同士のケンカについて語った言葉だ。

壮絶な戦争を経験し、左腕を失いながらも、戦後、数々の名作を残した漫画家である。以前、放映されたNHK朝の連続小説ドラマ『ゲゲゲの女房』でも有名だが、そのおおらかな人柄は、世代を超えて多くの人に慕われた。その感性の柔らかさは作品にも、語る言葉にも表れていた。

マナーをわきまえない、威張り散らす人間は「裸の王様」なのだ。豊かな好奇心のない人は、まわりの「好奇の目」に晒されるだけである。

枯れない男の勘ドコロ

他人への敬意が欠けた威張る人は、他人との距離が広がる一方になる。そんな生き方は、自分で好奇心の芽を摘んでいるだけ。

「好奇心」を「嫉妬心」に変えてはいけない

世の中で一番醜いもの

人はなぜ、他人に嫉妬するのだろうか。

はじめは好奇心で他人を観察するのだが、そこで違った感情が芽生えてくる。

たとえば、自分にはない才能や美貌はもちろん、自分よりも恵まれた経済状況に対して、嫉妬心が首をもたげる。

「うちの子は公立なのに、あちらは私立」

「うちは郊外の公団、あちらは都心のタワーマンション」

「うちの子は学習塾だけ、あちらはピアノとバレエと英会話も」

直接、聞いたことはないが、妻たちが、そんな言葉を口にすることもあるのではないだろうか。被害者は夫ということになる。それは夫自身が一番よくわかっているのだ。

妻ばかりではない。夫も似たようなものだ。

「アイツの会社は今年のボーナス6カ月分だって」

「アイツの住んでる社宅、3LDKで月4万円らしい」

「アイツのうちは、親が金持ちだからな」

聞かされる妻もどう対応していいか、わからない。まさか「あなたに甲斐性がないからでしょう」とはいえない。「運が悪かったのよ」ともいえない。

誰でも、他人の生活に100%無関心でいることは現実にはなかなか難しいことだが、嫉妬心が漂う言葉は、聞いていて愉快なものではない。

「世の中で一番醜いことは、他人の生活を羨むことです」

福沢諭吉の言葉だ。

この場合、夫は仕事という土俵。妻は家庭という土俵しか知らない。

この小さな世界でしか生きていないから、どちらもこんなつまらないことで一喜一憂しているのだ。

自慢ではないが、私は今まで人を嫉妬したことはない。なぜなら、私は私自身の生き方があり、それを楽しんでいるからだ。

「他人を羨むのは、みっともないことだ」

東京の下町で家業を営む家庭で育った私だが、子どもころから両親にそう教えられた。その甲斐あってか、「他人は他人」「自分は自分」という意識が強い。といって別に利己主義でもない。

私は、**他人の生き方を真似しようと思うこともないし、それは真似しようと思ってもできるものではない**からだ。

自分のオリジナリティに忠実に生きればいい

「僕はトウフ屋だからトウフしかつくらない」

映画監督小津安二郎の言葉である。

「東京物語」「麦秋」「晩春」など映画史に残る名作をつくった世界的映画監督である。彼の映画では大事件が起こるわけではない。市井の人の人間模様と登場人物の微妙な心の動きに焦点を当てた作品が多い。

そんな小津作品はどれも似たようなものばかりだと批判する人もいる。だが、そんな批判に対して小津自身の答えは、じつにシンプルで明解だ。

「トウフ屋にカレーや豚カツをつくれといっても、美味いものはできるはずがない」

しかし、自分の作品とは裏腹に、小津自身はアメリカ映画が大好きで、戦時中シンガポールで大量のアメリカ映画観賞に夢中だったようだ。

その中には「風と共に去りぬ」「市民ケーン」「レベッカ」など日本とは比べものにならない予算を使った映画もあった。

観客としての小津は、血の滴る巨大なビフテキのような映画を愛しつつも、映画監督としては「トウフ屋であること」を受け入れ、楽しんでいたのだろう。それはそれで立派な生き方ではないか。

自分の軸足を崩さなかったのだ。おそらく、自分の作品の100倍以上の予算でつくるアメリカの映画界を羨ましいと思ったことはなかったと思う。

間違いなく、日本人映画監督としての生き方に誇りと自信を持って、日本人としてのオリジナリティあふれる映画づくりを心がけていたに違いない。

「ないものねだり」は、小津には無縁だったのだ。

劣る環境が、オリジナリティを育む

他の項でも書いたが、私自身、記者として働いた新聞社は、同じ新聞社といっても、朝日、読売、毎日といった大新聞社とはまったく違っていた。規模、扱う内容はもちろん、社風、待遇、世間的な評価など、雲泥の差といってもいいだろう。

私の場合、一応、名の通った大学を卒業したし、特に優秀な成績を残したわけではないが、自分が望めば、一流と呼ばれる企業に就職できたかもしれない。

だが、卒業のときは、家業を継がなければならなかった。

それでも、マスコミ関係の仕事がしたいという思いは断ちがたく、弟が成人したら後を継ぐという条件で大学卒業後、3年間は家業に精を出した。

やがて、「年季」が明けて、マスコミ関係の仕事を探したが、大新聞社や有名出版社への就職の道は閉ざされていた。そこで、小さな通信社を経て夕刊専門の新聞社に就職したわけである。

大学のクラスメートのほとんどは、いわゆる一流企業に就職していた。だが、私は彼らを嫉妬したことはなかった。なぜなら、**自分の選んだ道**だからである。

新聞社に就職後も、有名新聞社、有名出版社の人間との交流はあった。給料を含めた待遇、使える取材経費の額など、彼らの恵まれた条件には話を聞いて驚いたが、**「オレの会社はオレの会社」と割り切って働いた**。

私なりに、会社の仕事でも成果を上げたという自負はあるし、一方で雑誌の原稿書きなどでアルバイトをしながら収入も得ていた。

「金がなきゃ、他人を羨んだりせず、自分で稼げばいい」

そう考えて深夜まで働いた。それでも好きな仕事だったから、つらいと思ったことは一度もなかった。

「置かれた場所」で、がんばる効用

私の場合、待遇や世間でのウケこそ、とてもいいとはいえなかったが、規則や格などといったことに縛られない職場は、ピッタリだったといえる。

企画立案なども自由にやれた。**給料をもらいながら、好奇心を満たしていた**といってても過言ではない。今の私のオリジナリティはこの新聞社で育まれたものだ。

その後、出版プロデュース業、そして執筆業を始めたが、新聞社時代に得た知識、培った人脈が大いに役立った。「おかげさまで」という感謝の思いでいっぱいである。

他人に嫉妬することもなく「他人は他人、自分は自分」と割り切って働いたことが生きたのだと思う。

そう生きられたのも、**目先の利害を度外視して、好奇心旺盛に動いてきたことが功を奏した**のだと思っている。

ベストセラーのタイトルではないが、自分なりに「置かれた場所で咲けた」のだと思っている。

人によっては、**嫉妬心が「なりたい自分」になるための原動力になる**かもしれない。だが、**嫉妬心は感情的な歪みや敵意を纏うこともしばしばある。**裸一貫、不遇を乗り越えて大成功を収めた人は数多くいるが、傍からは少しも幸福そうに見えず、まったく人間性をリスペクトされない人もいる。じつに悲しい人生ではないか。
人や出来事に対する好奇心が、嫉妬心にならないように注意することも必要である。

枯れない男の勘ドコロ

羨んでどうするのか。恵まれていない場所でも、やれることはいくらでもある。

「食的好奇心」のない人は、つまらない

食への関心は、好奇心に比例する

戦後の食べ物のない時代に育ったせいかどうかはわからない。私は食べることに関しては貪欲である。貪欲というと、大食主義者のように思われがちだが、そうではない。**そのとき食べたいものを食べる**という意味で貪欲なのだ。

その流儀で生きてきたから、食道楽ではあるが、メタボ体質とは無縁だ。

私の造語で表現すれば「食的好奇心」が旺盛なのは確かだ。

私の場合、好き嫌いもないし、食べ物に対して、ウンチクをたれるような評論家タ

イプでは決してない。意識しているのは、**旬のものを適量だけ食す**ということだ。たとえば、春になれば、フキノトウ、菜の花、ホタルイカ、夏になれば、鱧、新子、アユ、秋になれば、さんま、松茸、果物、冬になれば、カニ、カキ、フグ、アンコウといった具合だ。いずれも旬を重んじる日本料理には欠かせない食材だ。頭の中のカレンダーを意識しながら食すようにしている。

これらの食材は、一般的には日本料理がおなじみだが、最近ではフレンチやイタリアンでも楽しめる。私はどちらかというと洋食派なので、それらの食材をうまく料理してくれるフレンチやイタリアンのレストランにもしばしば足を運ぶ。

ある意味で、**私の食に対する関心は、好奇心の一種**といえないこともない。

新聞、雑誌、さまざまな広報誌などには必ず飲食店情報が掲載されているが、そんな記事はくまなく読んで、気になるとその記事を切り抜いたり、店の名前、電話番号をメモしたりして、後日足を運ぶことも少なくない。

「何か面白いことはないか」という知的好奇心と同様に、「何か美味いものはないか」という食的好奇心もいつでも、旺盛ということだ。大食漢ではないが、これを貪欲と呼ぶのであれば、まさしく私は貪欲である。

「とりあえず食」は、自分の胃袋に失礼である

それほど、美味いもの探しに熱心な私だが、いつも首尾上々というわけにはいかない。期待以上の店に出会うこともあれば、よほどのことがなければもう来ないだろうと思うこともあるし、こんな店、二度と来るものかということもある。

だが、これも一興である。

何を食べても美味いに越したことはないが、たとえ自分の舌に合わなかったとしても、今まで食したことのない調理法、味、食材の組み合わせなどを体験すると、自分のグルメ情報も増えるし、舌が肥えてくる。

食に限らずなんであれ、**新しい経験は自分の脳のキャパシティの拡大、活性化に役立つ**ことは間違いない。食的好奇心を解放することは、知的好奇心の芽生えにも通じるのだと思う。

食に関して、私が厳に慎んでいることがある

「とりあえず空腹だから、食べておこうは、ダメ」

これである。たったひとつしかない自分の胃袋に失礼ではないか。

ゆっくり食事をする時間もない働き盛りのサラリーマンならいざ知らず、多少の時間とフトコロに余裕がある大人の男であれば、「とりあえず食」はやめたほうがいい。

食べもの類が売り上げのかなりの比率を占めるコンビニチェーン店はもちろん、「速い、安い」を売り物にしているファストフード店、立ち食いそば店などからはお目玉を頂戴しそうだ。

だが、ランチの時間がきちんと取れなかったとしても、そこは夜まで我慢して、心地よい空腹感とともに目的の店なり、食べたいものが待っている家を目指すべきだと思う。

安い食事5回よりも、高い食事を1回

人間の主たる欲は、「食欲」「金銭欲」「物欲」「色欲」「権力欲」「名誉欲」「睡眠欲」などが挙げられる。

考えてみれば、この7つの欲の中で、それがなくなってしまうことが死を意味する欲は「食欲」だけである。だとすれば、**その欲が健在なうちは、その欲を大いに喜ばせてやるのが、その欲の持ち主の務め**ではなかろうか。

私が育った戦中戦後は美味いまずいなどといっていたら、張り倒されてしまうような時代だった。まさに、ハンド・トゥー・マウスの時代である。

しかし、幸せなことに今は違う。よほどの珍しいものでない限り、多少お金はかかっても食べられないものはない。特に今の日本ではあらゆる食材が世界中から集まってくる。それだけではない、世界中の最高級のレストランの支店が軒並み東京をはじめとした大都市に出店している。

ちょっと高いお金を払えば美味しいものは食べられるし、客にとっては快適なサービスも受けられるだろう。まさに美食の国、日本なのである。

『鬼平犯科帳』『仕掛人・藤枝梅安』などで有名な池波正太郎さんは食通としてもよく知られる。

その池波さんは、少年時代、当時の「株屋」、つまり証券会社で働いていたが、給料が出るとそのほとんどを美味しいものを食べることに費やしていたという。その池波さんには食にまつわるエッセイが数多くある。

それらを読んでいると必ず出てくる池波さんらしい主張に出会う。

「安い店に5回行くなら行ったつもりでそのお金を貯めて、一流のお店で美味しいものを1回食べることのほうが豊かな気持ちになれる」

この主張だ。僭越ながら、私も全面的に支持させていただきたい。

食に対する積極性と生き方の深い関係

食道楽では人後に落ちないと思っている私でも「この人にはかなわない」という知人がいた。

なにしろ、フォアグラがまだ日本ではほとんど知られていない昭和30年代に、それを食べるためだけの目的で、一日かけてフランスに行った男である。

知識としてフォアグラという食べ物を知っていた人であっても、当時は人工的につくったガチョウの肝臓などはゲテモノ扱いされたものである。

しかし、彼にとっては「まずは食べてみたい」という食的好奇心が優ったのである。その好奇心が、それだけの行動力を生んだのである。

私は断言する。

「食に対して積極的になれる人は、生き方も積極的だ」と。

私は仕事関係の人との打ち合わせは、ほとんどといっていいほどランチの席にするようにしている。私自身、そのとき、食べたいものを食べるつもりだからだ。

そんな席で仕事の話とは別に、食の話題になることもあるが、食に対する関心の持ち方や好みが一致すると、相手に対して妙に親近感が湧いてくる。

「このパスタ、ウニのソースが絶妙ですね」

「こんなにたくさんポルチーニが入っているリゾットは初めてです」

そんな感想を口にされると、こちらもうれしくなってしまう。

すると、不思議なことに仕事の打ち合わせがじつにスムーズに進んでいくことがある。たとえ、意見の相違があったとしても、である。

それとは逆に、食の話を向けても、じつに淡泊な答えしか返ってこない場合もある。一緒に食べている料理についても「美味い」とも「まずい」ともいわない。ただ黙って食べているだけだ。ちょっと寂しい気持ちになってしまう。

「この人はただお腹を満たすためだけに食べているのだ」と思ってしまう。事実そんな人も少なくないのだが……。

こういうタイプの人とは、仕事で付き合っていても、いくらかこちらのノリも悪くなる。意見が合うとか、合わないということではなく、ひと言でいえば、**波長が合わないの**である。当然、こちらの好奇心がそそられるような話題も出てこないし、こちらもそれなりの対応しかできなくなってしまう。

食的好奇心は、セックスの相性も連動する?

「食べ物の趣味が合う女性は、セックスの相性がいい」

これは私の持論である。暴論と思われる方も多いかもしれない。だが、これは私が経験的に確信していることだ。どんなに美人であっても、食的好奇心のない人との食事はつまらない。「食欲」は「色欲」にも少なからず悪影響を及ぼすし、その女性に対する好奇心も、萎えてしまいかねない。

「どちらも、粘膜と密接に関連していますからね」

以前、そんな言葉で私の意見に同意してくれた医者もいたが、医学的な裏付けがあるのかどうかはわからない。だが、これはセックスに限ったことではなく、人間の付き合い全般に通じると私は感じている。

「腹のこと考えない人は、頭のことを考えない」

18世紀イギリスの文学者サミュエル・ジョンソンが残した言葉だ。

この言葉、考えようによっては、食的好奇心のない人は知的好奇心もないということなのかもしれない。

枯れない男の勘ドコロ

人間の主な欲望のひとつをないがしろにしてはいけない。「何か美味いものはないか」は「何か面白いものはないか」に通じる。

50代以上のパワーの源は、「肉」と「脂」である

2つの健康維持法

「死ぬときゃ、死ぬ」

私はそう思って生きている。死について、あまり深く考えたことがないのだ。そんな私だから、巷にあふれている健康情報をあまり気に止めない。

だが、健康について気にする人が多いのだろう。新聞や雑誌でもさまざまな特集を組んだりしている。血液検査の数値、血圧の数値、あるいは生活習慣など例に挙げて、あれが悪い、これが悪いと事細かに専門家が述べている。

仮に自分に思い当たるふしがあっても、私は気にしない。

「へえ、そんなもんかねえ」

それくらいの反応はするが、すぐに自分の結論を出す。

「オレは今のままでいい。いわれても、直さないけどね」

こんなスタンスだが、自分独自の健康維持法を持っている。

・そのとき食べたいものを食べること
・肉を食べること

じつにシンプルである。

酒よりも、食事にお金をかける

他の項でも書いたが、私にとって食事は人生の大きな楽しみであり、一食たりともないがしろにしたくない営みである。

それは、そのとき食べたいものをちゃんと食べるということである。それができなかったら、人生の愉しみはなくなってしまう。

とはいっても、朝はほとんど毎日、トースト、サラダ、卵料理にコーヒーというのが定番だ。

特に私がこだわるのは、ランチである。和洋中、なんでも好きなのだが、その3つの中でどれか1つを選べといわれれば、私の場合は「洋」である。オフィスに足を運ぶのは、週に4日か5日なのだが、その7割以上は洋食で、イタリアンかフレンチのレストランでランチを食べる。

「ずいぶんと豪勢だな」という声が聞こえてきそうだが、そんなことはない。ランチなら、そこそこの店でも、1000円から2000円の範囲内で食べられる。

それでも、世の平均的なサラリーマンよりはややリッチなランチだとは思うが、私はほとんど酒を飲まないから、それに比べれば安上がりだ。

私は夕食よりもどちらかといえば、**ランチ中心の食生活**なのだ。となると、好きな洋食の回数が多くなるのだが、その理由は、私が無類の肉好きだからである。そして、どんな料理でも、脂っこいものが大好きなのである。

肉の脂は、体と心にパワーを与える

イタリアンでのランチの場合、パスタが中心となるから、あまり肉料理は食べないが、フレンチの場合は必ず肉料理になる。肉料理はなんでも好きだ。フレンチの肉料理は、ビーフ、ポーク、チキン、その日の気分に応じて選ぶ。

また、その季節になれば、いわゆるジビエ料理にも舌鼓を打つ。ランチでジビエ料理を供するレストランは限られているが、冬場には、ディナーでイノシシ、鹿、野兎、カモなども食する。

肉料理に目がない私だが、一番好きなのはやはり牛肉だ。

いわゆる焼肉店にはあまり足を運ばないが、鉄板焼店、ステーキハウスにはしばしば通う。家で食べるときでも、ステーキが最低でも週に2回は食卓に上る。妻も肉食は嫌いではないし、私の肉好きを知っているから、そうなるわけだ。

私にとって、肉食はパワーの源なのだ。「ちょっと疲れているかな」と感じたとき、あるいは「肉が食いたい」と無性に感じたときに、肉を食する。すると、自分にパワーがみなぎってくることを実感する。体はもちろん、精神的にもそれを感じるのだ。それも、脂ののった牛ロースのステーキやローストビーフを食べる。「脂」は間違いなく美味しいのだ。コレステロール値、血圧など、多少高めだが、気にしない。医学的に根拠があるかどうかはともかく、肉を食べてパワーがみなぎる。自分でそう感じるだけでいいのだ。

暴論に聞こえるかもしれないが、肉を食べると、脂が頭に巡っていくのを実感するのだ。

世界的な免疫学者の持論

『免疫力をグングンあげる「不良長寿生活」』という、じつに興味深いタイトルの本がある。著者は世界的にも知られた免疫学者の奥村康さん。サプレッサーT細胞という免疫に深くかかわる細胞の発見者で、ベルツ賞をはじめ、数々の医学賞を受賞している。現在も順天堂大学の特任教授を務めている方である。

その本の見出しの一部をご紹介しよう。

「コレステロール値は300までなら放っておけ」
「出世するのはコレステロールが高い人」
『食』に淡泊で長生きした人はいない」
「体に必要なものはサプリではなく食品から」
「食べ物は気持ち次第で栄養にも毒にもなる」

たまたま、その本を手がけた編集者と、奥村さんが懇意にしている医者から話があって、原稿を読ませていただき、僭越ではあるが推薦文を書かせてもらった。私としては、じつにうれしくなるような内容である。推薦文のキャッチコピーは「私の人生にお墨付きをもらった！」である。

奥村さんの主張からいえば、私が肉を食べたくなったら食べ、食べると元気になった気がするというのは、理に適っているということのようだ。

奥村さん自身も、以前、人物クローズアップのテレビ番組に出演されていたとき、著名人との会食のシーンの中で200グラム以上はありそうなステーキに舌鼓を打っておられた。

頭の働きに欠かせない潤滑油

実際、**肉を食べると、行動は前向きになる**。

たとえば、行こうかどうか迷っていたコンサート、映画、展覧会などの各種のイベント、あるいは会合などに出かけてみようと思い始める。また、私にとって、**肉は「スケベ」の源**でもあるから、妻には内緒の行動にも前向きになるし……。

さらに仕事の面でも、ポジティブになれる。

明日まで延ばそうと思っていた仕事をその日のうちに片づけようとか、新しい本のプロットを考えようといった意欲も湧いてくる。

肉食は私にとっていいことづくめである。いわば、頭の潤滑油として欠かせない。

雑誌やテレビに登場する高齢の著名人の中にも、私と同様に文字通り「肉食系」の方が多い。医師の日野原重明さん、作家の瀬戸内寂聴さん、俳優の加山雄三さんなどもそうだ。

健康常識に振り回されず、好きな脂を摂取する

ただ、こればかりは好みの問題もある。

要は、好きなものを食べたいときに食べることだ。私とっては、それが肉であり、脂であり、頭の潤活を促進してくれるものだ。

人によっては、それが、豚肉料理であったり、鶏肉料理であったり……。あるいは脂は脂でも魚介類の脂で、フグであったり、魚卵であったり、あるいはスッポンであったりするだろう。寿司かもしれない。それについては、とやかくいうつもりは毛頭ない。

とにかく、**「好きな脂」をきちんと摂っておくことが、枯れないための必須条件**であることは間違いない。

ただ、食べ物について、あれが悪い、これが悪いと、あまりに神経質になる必要はないのではなかろうか。たとえば、尿酸値が高いからといって、ビールはもちろん、

魚卵、鶏の皮、魚の干物などをいっさい口にしないという人がいる。それでいて、たまに誘惑に負けて口にしたとき、まるで犯罪をおかしたような顔になってしまう。

医学的には問題なのかもしれないが、私などは、その食べ物自体よりも、世の中を席巻している**健康常識にそこまで神経質になることのほうが、健康を損ねる要因になる**のではないかとさえ考えてしまう。

症状が命にかかわるほどのものであれば、無責任の誹《そし》りは免れないが、「禁食」もほどほどでいいのではないだろうか。とにかく食べたいものを食べればいいと思う。

数値に怯えていてばかりでは、何のための人生か?

40歳のころに、大学病院の脳外科で大手術をした人間がいる。私の大学の後輩で、たまに手伝ってもらうこともある。その彼が、退院するときに執刀医に尋ねた。

「酒やタバコはやめなきゃなりませんか」

すると、同年輩と思しき執刀医は激しい口調でこういった。

「お酒は少しくらいならいいでしょう。しかし、タバコは百害あって一利なしです」

しかし、彼は手術から20年以上たった今でも大の愛煙家である。

「だって、その先生の息からタバコのにおいがしていましたから……」

これでいいのではなかろうか。彼は還暦を過ぎた今も、きわめて健康である。

「死ぬときゃ、死ぬ」

健康診断の数値に怯《おび》え、窮屈な毎日を送っている人が長生きするという保証などこにもないのだ。私の肉食好きは死ぬまで変わらないだろう。奥村さんが掲げる「不良長寿」とはなんといい言葉であろうか。そういう生き方をしていれば、男はいくつになっても枯れることはないはずである。

枯れない男の勘ドコロ

食べたいものを食べたいときに食べる。人生の愉しみを減らしても、長生きするとは限らない。「不良長寿」という言葉もある。

困難なときほど、「今、役に立たない好奇心」が救ってくれる

効率重視は、「絶対」ではない

ひとつ目標を定めたら、それを実現するためにわき目も振らずに邁進する。ビジネス、スポーツ、受験、研究開発などの場合には、そんな姿勢も必要だろう。目標を設定したらいかに効率よくそれを達成できるか。それがもっとも重要なことではある。企業ならば、いかにスピーディに、しかもコストをかけずに、ということになる。

こういう考え方が世の中のあらゆるところにはびこっている。良い、悪いではない。効率重視がそうさせるのだろう。

だが、あえていえば、私はそんな考え方には、眉に唾をつけたくなる。

本当に目標を達成するために、脇目も振らずにやることがいいのだろうかと思わざるを得ないのだ。

もちろん、単純な作業とか筋肉トレーニングなどなら、それでいいだろう。

しかし、**仕事の質によっては、逆に脇目を振ることが、いい結果をもたらすこともある。**1分1秒を争うような問題に直面しているようなときでも、だ。

特にクリエイティブな仕事においては、いっそういえることではないだろうか。

煮詰まったら、目標をいったん棚上げする

なんとか、問題を打開しようと、それに専念していても、気持ちだけが焦り、いっこうに妙案も浮かばず、作業もはかどらないことがある。えてして、そんなときは自分では目標を見定めているつもりでも、その目標の本質を見失っていることが多い。視野狭窄に陥っている。あるいは、焦点がぼやけているのかもしれない。

そんなときこそ、たとえ短い時間であっても、今、念頭にある目標をいったん棚上

げしてみることだ。

たとえば、**その目標とはまったく関係のない、そして役にも立たないことに対して目を向けてみる**のだ。

ビジネスで、パソコンに向かって企画書をつくっているとする。いい言葉や明解な論理の組み立てができなかったとする。そんなときは、いったんその分野のことは忘れて、まったく関係のないことを考えてみるのだ。それも、今、自分が関心のあること。

たとえば、今夜検討する週末競馬のＧＩレースのことでもいいし、来週行く予定のゴルフのこと、最近、調子の悪いクルマのこと、あるいは今夜、食べたい夜食のことでもいい。「キタサンブラックは勝つかな」「松山英樹は今日はいくつで回ったかな」「今度のＢＭＷはいいな」「今夜は無理だから明日はカキフライを食べよう」といった具合だ。

いわば**「無駄な好奇心」を大っぴらに解放してあげる**のだ。

そうすることによって、痙攣《けいれん》して硬くなっていた脳をリラックスさせるのである。

私は脳科学者ではないから、この表現が理に適っているかどうかはわからない。

しかし、経験的に、そうすることで大小さまざまな難関を突破することができると確信している。

「出口なし」でも、忘れてはいけないこと

「妙案が浮かばない、ああ困った」

なんであれ、困難な事態が発生すると、眉間にしわを寄せ、まわりを暗くしてしまう人がいる。こんなとき、まわりの誰かが他人事のような顔をしていたら、すぐにあたり散らす。

「お前はなんて無責任なんだ。俺がこんなに困っているのに」などと怒る。

だが、**悲観や怒りは、困難の火に油を注ぐだけ**なのだ。解決策を考えているようで、じつは不安に弄《もてあそ》ばれているだけなのだ。

私が、何の将来の目算もなく、会社を辞めて出版プロデューサーとして独立したときのこと。

ある日、借りたばかりのオフィスの一室で、原稿を読んでいた。そのとき、手がけていた書籍の原稿なのだが、あまりのひどさに愕然としていた。医学実用書で、著者である医者の話をライターがまとめた原稿なのだが、どこから手直ししていいかわからないほどの出来の悪さだった。

「どうしようか」

何度読み返しても、読める原稿にする可能性が見えてこない。締め切りは迫っている。といって、これが出版されなければ、先の収入がなくなり、私の生活も不透明。絶体絶命である。

「まあ、なんとか生きてはいけるだろうが……」

持ち前の**楽観的スタイル**でそう考えて、私は外に出た。昼食を食べ損ねていたのである。「出口なし」の絶望的状態だったが、脳をリラックスさせようと思ったのかもしれない。オフィスのビルを出ると、玄関先でひとりの男に出くわした。新聞記者時代に知り合った男である。知り合った当時はピアノの弾き語りをしていた。

「いやあ、久しぶり。元気だった？　お茶でも飲みたいけれど、今はそれどころじゃないないないんだ。ヒマになったら、会おうよ」

本当なら、そんな挨拶ですますべきだったはずである。なにしろ、こちらは大苦戦中である。だが、私はまったく逆の対応をした。

「今、何をやっているの？」

そう尋ねた私に、意外な答えが返ってきた。

「占い師の駆け出しです。小さな喫茶店で鑑定を細々とやっています」

この言葉に私の好奇心がひどく刺激された。

「えっ、ミュージシャンじゃなくて、占い？　どんな占い？　それ面白そうだね。時間あるなら、ちょっとうちの事務所に寄ってよ」

私はかなり強引に彼をオフィスに連れて行き、彼から話を聞いた。彼の話にすこぶる興味を持った私は、瞬時に「これは本になる」と感じた。

その後の経緯は省くが、私がプロデュースした彼の本は大きな話題となり、続刊と合わせて200万部を超える大ベストセラーになった。『天中殺入門』だった。

それればかりか、私の目下のトラブルを話すと、彼は知り合いの腕のいい医療ライターを紹介してくれた。おかげで懸案の医学実用本も無事、出版できた。彼との出会いは、いわば一石二鳥だったわけだ。

「今は役に立たない好奇心」は、捨てたものじゃない

「もしこの男に会わなかったら」

「もし通りいっぺんの挨拶で別れていたら」

今でも、そう考えると恐ろしい気分になる。サラリーマンを辞めたばかりで、生活のあてもなかったからだ。「明日からどうしようか」という不安もあったときだった。

彼の本の大ヒットのおかげで、出版プロデューサーとしての私の仕事は軌道に乗ったし、その後もいくつかの100万部突破のベストセラーを世に出すことができたのである。最初の大ヒットがきっかけでいくつかの出版社の編集者たちと親しくなり、その後、自分自身の著書も数多く書くようになったのだ。

すべてはこのときの「この男のやっていること、面白そうだ」という私の好奇心がスタートだったのである。


偶然の出会いに私の好奇心が反応して、「チャンスを逃すな」とサインを送ってく

れたのかもしれない。

もちろん、目先の目標や課題をないがしろにしてもいいといいたいわけではない。

だが、「今は役に立たない好奇心」も捨てたものじゃないといいたいのだ。

目先の目標や課題が困難に立ち至ったとき、時間がないからといって、脇目も振らずに今の目標や課題だけに目を向けていても、いい結果が生まれる保証などない。

そこで生まれる解決策は、「粗製乱造」の危険を孕《はら》んでいるとまでいっていい。

頭の切り換えが必要なのである。

枯れない男の勘ドコロ

目先の目標ばかり見ていると、視野狭窄になる。達成が困難なときこそ、好奇心のままにリラックスしたい。

第4章

枯れないために、
やっておいたほうがいいこと

枯れない頭を持つためのたった1つの習慣

アイデアの神は、時と場所を選ばず舞い降りる

「あっ、面白いこと思いついた」
「これは仕事の役に立つぞ」
「この人のいうことの間違いがどこにあるかわかった」
「今度、あいつに会ったら、これはいってやろう」

人間の頭の動きはじつに不思議なもので、そのとき考えていることとは何の脈絡も

なく、さまざまな思いが浮かんでくる。

テレビを観ているとき、電車に乗っているとき、トイレに入っているとき、食事をしているとき、あるいはベッドで寝ているときなど、時と場所を選ばない。

それがいい意味で、**自分の変化のヒントになったり、新しい知識を与えたりしてくれる。**

だが、**その脈絡もなく浮んだ思いというのは、じつに儚《はかな》い。**

「あれ？　昨日の夜、寝る前にすごくいいことを思いついたのに、まったく思い出せない」

誰でも思い当たることだろう。なんとか、思い出そうとしてがんばってみるのだが、徒労に終わることがほとんどだ。しかし、ごく稀に思い出すこともある。

そんなときは、かなりの快感を覚える。たとえは悪いが、あたかも4、5日続いた便秘が解消したような爽快な気分だ。

だが、なんとか思い出したときはいいのだが、「何か」を思いついたことだけは覚えていても肝心なその「何か」が思い出せないということもある。こちらは、どうにも居心地が悪い。

あきらめてしまうこともある。それでもしつこく思い出そうと試みたりもするが、徒労に終わってしまうことが多い。こちらは気分的に、なんとも「糞ぎり」がつかない状態だ。

「コレは！」と感じたら、とにかく「コレ」をやる

私の仕事に関していうと、こういう事態はちょっと問題である。

いいプランが浮かんだ、いいタイトルがひらめいた、こんな言い回しだとわかりやすい、こういうエピソードを入れれば面白くなるなど、さまざまな思いつきが仕事の種になるのだ。「あ、忘れた」ではすまないのである。

人間の脳はすごいパワーも持っているが、忘れっぽいという特徴もあるのだ。この特徴こそ忘れてはいけない。

駆け出しの新聞記者のころ、何度も悔しい思いをした。書籍のプロデュースを生業にし始めたときもそうである。あるいいプランが生まれ、「これはいける」と思った

のだが、忙しさにかまけ、そのプランのことを忘れてしまっていた。

半年ほどたったころ、まさに自分が思いついたプランと瓜二つの本の広告を新聞で見つけた。「しまった」と思ったものの、後の祭り。その本は、ほどなくミリオンセラーになった。じつに悔しい思いをしたものだ。

それ以来、私は**メモ魔**になった。

家の至るところにメモ用紙とペンを置いておく

とにかく、**思いついたことはメモをするクセをつけた**。ちょっと食事に行く、コンビニに行く、銀行に行くといったときにも、手帳とペンだけは持ち歩くようになったのだ。手ぶらで出かけるようなときにも、紙切れ1枚とボールペンだけは必ず持ち歩くようにしている。

ジャストアイディアだから、それでも十分だ。キーワードをちょっとメモして、家やオフィスに戻ったら、その言葉にいくらか肉付けして、忘れないようにするのである。

そんなクセをつけてからは、私の身のまわりの至るところに、メモ用の紙と筆記用具が置かれるようになった。

私の勝手な思い込みかもしれないが、**思いついたことをそのまま放っておく人とメモする人では、想像力に大きな差がつく**と思う。ひとりでありながら、何人分もの思いつきを蓄えることができるといっていい。

家の玄関、トイレ、リビング、枕元はもちろん、浴室の脱衣場にも揃っている。一時は浴室内でもメモできるようにと、水中でも字が書けるグッズを買い求めたが、それはやめた。思いつきがいかに儚いものであっても、浴槽を出て3歩くらいは覚えていられるから、脱衣場でメモをする。

時には、浴室から妻を呼び、「悪いけど、〇〇〇という言葉をメモしておいて」などと横着することもある。長年連れ添った妻は、慣れたものでちゃんとメモしてくれる。〇〇〇というキーワードさえ忘れなければ、風呂を出てから整理できるからだ。

妻は「走り書き代行」を身につけている。

思いつきの垂れ流しは、チャンスの放棄である

「紙とボールペンなんかなくても、スマホのメモ機能を使えばいい」

そんな声も聞こえてきそうだ。たしかにそうだ。私自身も電車の中などで、胸ポケットやバッグから紙とペンを出すのが面倒なときはそうするが、場合によっては矢印や簡単な手書きの図形を使って、複数の文言を関係づけて書き留めるには、私にとっては、手書きのメモのほうがスピーディだ。

それに私自身、スマホの操作はまだまだ初心者に毛が生えた程度だから、手書きにしている。上級者なら、スマホのほうがいいのかもしれない。

要は、**思いつきを忘れないために、保存できればどちらでもいい**と思う。

私はおおむね仕事に関係したことでメモをとることが多いが、それ以外の事柄でも、メモをとる。

そのクセは、仕事以外にもとても役に立つ。電車の中の吊り広告や壁面広告で見つけた面白そうな商品の名前、リーズナブルなバイキングを開催しているホテル名なども、よくメモをする。

その商品を買うか買わないか、ホテルのバイキングに行くか行かないかはわからない。それは結果論だから、どうでもいいのだ。

しかし、場合によっては交友関係の中で、その話題を切り出したりすれば、話が弾むこともあるし、教えた友人の役に立つかもしれない。

もちろん、いつも何かに役立てようと考えているわけではないが、せっかく自分の頭に浮かんできてくれた思いつきをただ垂れ流しにするのは、自分の脳に失礼ではないか。

思いつきも、自分の分身のようなものなのだから、まずは保存を心がけるべきだろう。

文字で保存した記憶は、忘れたころにやってくる

発明家トーマス・エジソンを知らない人はいないだろう。白熱灯、蓄音機をはじめおよそ１３００もの発明をしたといわれる近代科学の大功労者だ、そのエジソンは大のメモ魔だったことで知られる。

後にその膨大な量のメモは『エジソン・ノート』として本にまとめられた。そのエジソンはこんな言葉を残している。

「まず世界が必要としているものを見つけ出す。そして、先へ進み、それを発明するのだ」

自分の中に浮んだ着想をないがしろにせずにメモし、それをもとに思考を重ねながら発明へと進化させたわけだ。

もちろん、われわれの生活の中で、メモをとることがいつもなにがしかの結果をもたらすとは限らない。むしろ、そのほとんどが、そのときには役に立たないだろう。

だが、思いついたままに何もせずに放っておくのと一度は文字にしてみるのとでは、のちのち、大きく違ってくるはずだ。

一度は文字とし保存された事柄は、たとえいったんは消えてしまったとしても、本人の知らぬ間に新しい思いつきを生み出す種になってくれるのだ。

「天災は忘れたころにやってくる」ならぬ「メモの記憶は忘れたころにやってくる」である。

そのひとつが結果を生み出すこともあるのだ。メモをとる習慣は、枯れない頭脳を持ち続けるためには間違いなく役に立つ。

エジソンはこんな言葉も残している。

「私は失敗したことがない。ただ一万通りのうまくいかない方法を見つけただけだ」

枯れない男の勘ドコロ

文字の力、走り書きの力を侮ってはいけない。いい思いつきが浮かんでいるのに、何もしないのは自分の脳に失礼ではないか。

「新聞を読まない」は、枯れの危険信号

新聞は、信じるものではなく、読むもの

朝起きて、玄関の郵便受けを覗きに行く。がっかりすることがある。それは、新聞の休刊日だからだ。朝、新聞を開かないとどうも落ちつかない。

私はこれまでさまざまな著書で「新聞を読みなさい」と述べてきた。時にメールや郵便などで読者の方から反論を頂戴する。

「新聞はウソも書くし、偏った記事もある」

おおむね、そんな主張である。

その意見自体には私も賛成だが、私の主張をよく理解してほしいと思う。私は「読

みなさい」とはいっているが「信じなさい」とはひと言もいってはいない。

私自身、**朝日新聞、日本経済新聞、産経新聞**の3紙を自宅と事務所で定期購読している。それ以外に、スマホやパソコンでヤフーなどをチェックして、気になる記事を目にしたときは、読売新聞、毎日新聞、東京新聞などを改めて購入する。切り抜いて著作の参考資料にするためだ。

また、オフィスには土曜日をのぞいて夕刊紙の「日刊ゲンダイ」が届く。

私も何度か連載を執筆したことがあるが、こちらはくだけたテーマ、医療、健康情報、芸能などがわかりやすく書いてある。政治経済の紙面もあるが、大新聞とは違って、一風変わった論調なのが面白い。

それぞれの紙面で、とにかく**ユニークな切り口で読ませてくれる**から、「なるほど、こんな見方もあるのか」としばしば感じる。

忘れてならないのが、競馬情報だ。

私は土曜、日曜はそれぞれメインレースを中心に5レースほど馬券を買うが、日刊ゲンダイを参考にしている。儲かることに越したことはないが、大切なのは、**自分の**

推理力を試すこと。ごく少額であっても、ただテレビ観戦するよりも力が入る。毎週馬券を買い始めたのは7、8年前だが、じつに楽しい。喜んだり、悔しがったりしている。

知人と一緒に1レースにつき1000円程度だからかわいいものだが、続けているうちにいろいろと考えるようになってきていて、頭の体操にもいい。また、風俗ページなども、純粋に読み物として、面白い。

とにかく、夕刊紙には夕刊紙の面白さがある。

なぜ新聞がいいのか？

それほど、私の日常は新聞なしには成立しないのだが、**情報源としての新聞が優れている点は、紙面を広角的に眺められる点**だ。前の項でも触れたが、**手軽にわき見、よそ見ができる。**あまり読む気になれない政治面であってもちょっと視線を下げれば、週刊誌広告の大きな見出しが目に入る。興味が湧けば、小さな見出しや内容まで簡単に読める。さらにページをめくればライバル誌の広告。こちらは同じテーマでまったく異なる主張や切り口だったりする。

さらにページをめくれば、スポーツ面、生活実用面、文化面、読者投稿面、社会面、地方面、テレビ面とじつに盛りだくさん。

わき見、よそ見がずいぶんと楽しめる。記事は長いものでも5分もあれば読める。毎日30分くらい読めば、そこそこの量の情報が得られる。**コンパクトさにおいて、これほど便利な情報源はない。**さまざまな種類の好奇心を駆り立ててくれる。それを夕刊込みで月５０００円以下で読めるのだから、定期購読しない手はない。

メイン記事よりベタ記事

新聞で私が特に注意してチェックするのは、事件を10行前後で伝える、いわゆるベタ記事。

「何が＝WHAT、誰が＝WHO、いつ＝WHEN、どこで＝WHERE」の「WHY＝なぜ」を除いた４Ｗと「HOW＝いかにして」の４Ｗ１Ｈをコンパクトにまとめた記事がほとんどだが、これが私の好奇心を駆り立てる。

そこから想像力を働かせて、その事件を頭の中で描いてみる。事件の主役の名前、年齢、職業、住所などから勝手に想像を巡らせてみる。犯罪であろうが、ちょっと愉快な事件であろうが、映画のワンシーンのように映像を描いてみるのだ。

記事では明かしていない「**WHY＝なぜ」を自分なりに推理してみる**のだ。自分勝手に人間ドラマをつくり上げるようなものだが、これがいい。

頭の体操にもなるし、私の生業である物書きの仕事に役立つこともある。好奇心が想像力を刺激して、さまざまな見解を導き出してくれるのだ。

想像力を鍛えるメディア

当事者や家族には申し訳ないし、不謹慎とも思われそうだが、同様に死亡告知記事も好奇心の種になる。略歴、年齢、死因、葬儀の有無などから、故人の顔などを想像してみる。生前ついていた地位もかなりのもので、大仕事をやり遂げ、リタイア後しばらくして、天寿を全うした人の死亡記事に「葬儀は近親者のみですませた」と書いてあったりすると、引き際がいいなどと勝手な感想を抱いたりもする。

とにかく、新聞は想像を広げるためにはもってこいのメディアだと思うのだ。

もちろん、インターネットではできないとはいわないが、パソコンやスマホで見る情報はその見え方が新聞ほど広角的ではなく、わき見、よそ見をするには別の操作が求められる。

いわゆるネットサーフィンでもできるが、新聞ほど容易ではない。新聞なら、眼球を少し動かすだけでできることができない。ピンポイントで情報を得るにはきわめて便利だが、好奇心の自由な動きを許してはくれない仕組みなのだ。

好奇心を自由に巡らせる情報源として、新聞はとても優れていると思う。さまざまなドラマも見えてくる。

余談だが、亡くなった劇作家のつかこうへいさんにまつわるこんなエピソードがある。

名作『熱海殺人事件』は、私も何度か舞台で観たが、そもそも、つかさんが目にした新聞のベタ記事がモチーフになったという説がある。

「ブタにかみ殺される」

こんな見出しのベタ記事から、ひとりの人間の死を無神経な見出しで報じてしまうことへの疑問から生まれた作品だというのだ。なぜ「養豚所で事故死」と報じないのかというつかさんの憤り……。優れた劇作家の想像力と創造力を喚起したベタ記事を見くびってはいけない。

「新聞を読まない」は、好奇心消滅の危険信号でもある。

枯れない男の勘ドコロ

新聞は、安くて、便利で盛りだくさんの完成されたメディアだ。ネット情報と違い、わき見、よそ見で広角的に情報が得られるのもいい。

枯れない男がやっている新聞広告の愉しみ方

「旅行会社の広告」の刺激

新聞を読む人の好奇心を喚起するのは、その記事ばかりではない。忘れてならないのは、各面に掲載されている広告だ。

職業柄、「サンヤツ」と呼ばれる一面下の広告から中面の書籍広告はくまなくチェックする。

「最近、売れている本のタイトルはやたらと長いな」

「実用書だけでなく、自己啓発本、ビジネス本もマンガを効果的に使っているようだ」

そんなことを考えながらチェックしている。気になる本があれば、書店で数冊あれこれ本を購入する。実際に手に取ってみると、また違った好奇心が芽生える。

「こんなにスカスカの本が売れているのか」

スカスカというのは中身がないという意味ではない。活字の量が少なく、字間や行間がゆったりしているという意味だ。私自身も大いに参考にする。

さらに男性週刊誌、月刊誌などの見出しもチェックする。

「中高年のセックスに対する関心が急に高まったのかな？」

「週刊文春の有名人関係のスクープはすごい。取材スタッフは何人くらいなんだろう？」

などといった具合。

気になって、編集部に詳しい人に電話をしたこともある。好奇心が旺盛ということは、ありていにいえば「野次馬体質」でもあるのだ。とにかく、仕事がらみでもあるが、書籍や雑誌の広告は見逃せない。

自分の原稿執筆などのヒントにもなるからだ。

新聞の広告欄で、書籍、雑誌広告以外にも、私が特にチェックするのが、旅行会社の広告だ。

そんな旅の広告に書かれた旅程を読んで、「面白そうだ」「料金もリーズナブルだ」と感じて、すぐさま旅行会社に電話を入れてしまう。いてもたってもいられなくなる。

その意味で、新聞広告は私の好奇心を刺激し、実行へと背中を押してくれる絶好の素材ともいえる。もちろん、自分の行きたいところへ出かけるフリーの旅行も少なくない。

ローン返済よりもお金を優先すべきこと

私は旅が大好きだ。国内外を問わず、知らない地域に行って、その場所の風景、文化、人間に接すると、じつに愉しいし、何よりも新鮮な驚きを覚え、脳の活性化につながる。

「こんな変わった地形見たことないぞ」

「同じ素材でも、こういう調理法があるのか」

「この国の人は、みんな英語が話せるんだ」

こんな具合に国内外でも、さまざまな発見がある。それがやめられずに、少なくともここ十数年は、毎年1回は海外に旅をしている。

本が売れて、いくらかまとまったお金が入っても、まだ残っている住宅ローンの繰り上げ返済をするくらいなら、そのお金を旅行に費やしたほうがいいと思っている。

少し前にも、ちょっと奮発して夫婦で地中海クルージングに出かけた。地中海を船でゆっくりと回り、何カ所かの港町に立ち寄る旅だ。

一応、豪華客船というだけあって、船内にいることを忘れてしまいそうなくらい、複数のレストランをはじめ、ショップ、娯楽施設なども揃っている。

寄港地では、オプショナルツアーが設定されていたりするが、自由行動ももちろん可能。たとえば「夕方5時までにお戻りください」などという指示があるのだが、気分が乗らなければ船内に残っても、港近くの散歩や、ショッピングなどで退屈することはない。

私自身は、若いころからバックパッカーとしての貧乏旅行をはじめ、海外旅行にはいくらか慣れているから、ほとんどは自由行動となる。

その街ではたったひとりの異邦人になれるわけだ。

現地の言葉がわからなくとも、カタコトの英語とジェスチャーでなんとかなる。レストランなどでは、ウェイターとの間に誤解が生じて、別の料理が運ばれてきたりすることも会ったが、それもまた旅先での一興である。

海外旅行の最大メリット

とんだハプニングもある。船が寄港地を離れたら、一緒だったツアー客がいない。船を離れたときは一緒だったのに、船に戻る時間に間に合わず乗り遅れたまま出港になったのだ。

次の寄港地に陸路で行くしかない。他人事ではあるが、想定外の出来事。まさしくアドベンチャーといえばアドベンチャーだが、人ごとながら心配になる。

行ったこともない国への旅は、自分をちっぽけな存在として強く感じる。これがじつにいい。**自分の職業とか、キャリアなどはほとんど役に立たない。まったく素の自**

分自身でしかない。それがいいのだ。

大げさにいえば、「オレはいったい何ものなのだ」という感覚になる。自分を客観視するいい機会でもある。

「もう少し、英語を勉強しよう」「この国の歴史を知りたい」「この料理は東京でも食べられるのかな」「女性が魅力的だから、今度は気の置けない男友だちと来たい」などなど。

旅先で受けた刺激が、帰国してからの自分の新しいスケジュールを考えさせてくれたりする。ツアーで知り合った人と、帰国後に会って、新しい交友関係が生まれることもしばしばある。

海外での船旅の経験がじつに楽しかったので、翌年、今度はバルト海のクルージング旅行にも出かけたほどである。

徹底した格安旅行の魅力

国内旅行も大好きだ。少なくとも2カ月に1回は出かける。

国内もほとんどのところは行きつくしたので、今はもっぱら1泊2日の温泉と料理を中心とした旅が多い。そのときはホテルや旅館へもそれなりのお金をかけて行くが、時にガラリと変えて格安のバス旅行も楽しい。これも新聞広告が役に立つ。

「1泊2日7800円。カニ食べ放題」

これまでも、日帰りを含めて何回かバス旅行を楽しんだが、少し前、大のカニ好きの私は、そんな広告を見てすぐに応募した。交通費は無料である。朝、新宿の駅近くに集合して、大型観光バスで伊豆のホテルで一泊する旅だ、もちろん、私の大好きな温泉もある。

途中、2回ほどのトイレ休憩、さらにちょっとした観光スポットに1カ所立ち寄り、道すがら3カ所のホテルに他の客を降ろす。私たちが到着したのは、東京からも遠い西伊豆の南端松崎。海辺に建つホテルは、とても1泊7800円とは思えぬほど、部屋もきれいだった。

お目当てのカニはさすがに解凍したものではあったものの、料金を考えれば十分に納得できる味で、次々と出てきた。もちろんカニだけの食べ放題もできる。他にも、地魚の刺身や煮魚も揃っていたし、酒も種類が揃っていた。

「これ、発砲酒じゃないと思いますよ」

サーバーからセルフでグラスに注ぐビールに、連れの知人は驚いていた。ワイン、日本酒、焼酎、ウイスキーも揃っていたし、ソフトドリンクも各種ある。

温泉もよかったし、海に沈む夕陽も美しかった。

翌日は12時チェックアウトだから、朝食の後にゆっくりと温泉に浸かり、海辺を散策できた。バスの出発は午後2時だから、荷物はホテルのフロントに置いて街の散策に出かけた。松崎で有名な白壁の家々を見学したり、美味しいそば屋も発見したりなどで、バスの出発時間まで十分楽しめたものだ。

マンネリ行動には、お金をかけない

「7800円だから、それなりの旅だろう」

そんな予想を大きく裏切る旅行だった。

後で調べてみると、私たちが泊まったホテルは、かつては大手ホテルチェーンのうちの一館で、バブル期には平日でもひとり1泊2万円前後のホテルだったという。それを別のホテルチェーンが買収し、期間を決めて格安の料金設定で平日のバスパック旅行を始めたのだ。想像するに、シーズンオフには、部屋を開けておくよりは、薄利多売でもいいと考えたのだろう。

これが平日でも時間のある中高年者の目に止まり、大人気になったらしい。実際、私たちを運んだ大型バスも、補助席を使うほど満員だった。

正直なところ「これでやっていけるのか」とホテルや運営会社の利益を心配してしまうが、それは余計なお世話というものだろう。

「お金がない」と旅行をあきらめている中高年には、おすすめである。すでに楽しんでいる方なら、おわかりかと思うが……。

覚えておきたいのは、途中、何カ所かの伊豆のホテルに立ち寄って客を降ろしていたが、こういう場合は**不便でも一番遠いホテルを選ぶ**ことだ。遠いほど、ロケーションもいいいし、ホテルのクオリティも高い傾向がある。

帰りも同じバスに乗るのだがら、その分、多くの景色も楽しめる。例えば伊豆のあちこちに寄るバスツアーでも、熱海、伊東、西海岸なら土肥といった有名地を避けて選ぶのが旅を楽しむコツということだ。

なにしろ7800円である。家の近所で「いつもの店で、いつものメンバーと、いつもの話」のマンネリ行動で消費するよりは、はるかに新鮮な気分になれるはず。

これも、好奇心を養う恰好の機会になるのではなかろうか。意外な発見もある。昔流行った言葉でいえば、まさに「チープシック」な旅である。

通信販売広告の注意点

新聞広告といえば、通信販売の広告も最近は増えてきた。ひと昔前までは、大新聞では見受けられなかった種類の広告も増えてきている。インターネット広告に企業の宣伝予算を奪われた結果だといわれている。

通信販売広告についていえば、新聞であれ、雑誌であれ、テレビであれ、買うかどうかについては慎重なスタンスが必要だ。

私の場合、関心は主に衣類やファッション小物の広告、そして健康食品やサプリなどが中心だが、こればかりは、実際に目で見て、触ってみて試してみないとなかなか買う気になれない。特にジャケットやセーターなどの色や布地は、印刷物ではわからない。下着や靴下くらいなら、「ちょっとイメージが違った」ですまされるが、コート、ジャケット、シャツ、セーターなどは要注意だ。

返品できるとはいっても、けっこう面倒だ。

「ちょっといいな」と感じたときには、私は販売元に直接電話して、商品が置いてあるショップはないかと尋ねる。

場合によっては、都内に直営ショップがあったり、一般のショップに置いてあることもある。その情報を仕入れて、私はそこへ足を運び、色や手触りを確かめてから買うか買わないかを決めることにしている。

広告についていろいろと述べてきたが、新聞広告、あるいは雑誌広告も、好奇心を持って隅々まで眺めていると自分の生活を豊かにしてくれるメディアであることは間違いないと感じる。特に新聞は、記事、広告を含めて、**中高年の頭を活性化する「総合栄養剤」**のような役割を持っている。

枯れない男の勘ドコロ

新聞は記事ばかりではない。好奇心を持てば、隅から隅まで面白い。頭を活性化する「総合栄養剤」でもある。

大人の「ぜいたく」を楽しむ作法

「来てのお楽しみ」の旅

「3カ月前でないと予約がとれない店をキープしましたので。いらっしゃいませんか?」

京都在住のある出版社の編集者から、そんな誘いの電話をもらった。彼が務める出版社は、京都と東京に2つの本部を持つ。東京本部勤務時代には、私のベストセラーを手がけてくれた編集者である。数年前に、京都に転勤となったのだが、年に何回かは東京で会って食事を共にして旧交を温めている。

そんな彼からの誘いである。仕事抜きの話である。一も二もなく誘いに応じた。

ユニークな店というのが、どういう店なのかは「来てのお楽しみ」ということで、詳しくは教えてくれない。「何が出てくるのか」と好奇心が湧いてくる。東京で何度も食事と共にして、私の食道楽ぶり、また私の味の好みも知っているから、ハズレはないとあえて詳細は尋ねなかった。いわば、**福袋を買いに行くような旅**である。

場所は滋賀県の琵琶湖のほとりの小さな駅の近く。

東海道新幹線で米原駅下車、そこで湖西線に乗り換えて鈍行列車で1時間以上。のんびりと列車の窓から風景を楽しんだ。田園風景を眺めながらまったりとした時間を過ごす。しばらくすると、琵琶湖が見えてくる。ほとりを走る列車の窓から琵琶湖の大きさを実感する。

講演の仕事での地方出張とは違い、ただ早く目的地に向かう旅ではない。車中で資料に目を通す必要もない。ましてやひとり旅。ふだんは知らず知らずのうちに頭の回路を仕事モードにしてしまうが、こういう旅では、**頭の動きも、旅まかせ、風まかせ**である。

「たしか明智光秀はこのあたりの人だな」「『ひこにゃん』はそんなに人気があるのか」「このあたりは海水浴じゃなくて、湖水浴か」「桜田門外の変で殺された井伊直弼は彦根藩主だったな」「そういえば、『琵琶湖周航の歌』の『われはうみのこ』の『うみ』は『湖』って書くんだよな。たしかに広い」「『三方良し』は近江商人の商いの心得だったな」……。

頭のなかに浮かぶことは、あっちへ行ったり、こっちへ行ったり。

「旅の途中」はこれがあるから、じつに楽しい。特にひとり旅は、話し相手がいない分、頭のなかも気ままのままだ。

時間とお金を使った、本当の「ぜいたく」

やがて、列車は目的地に到着した。

改札口を出ると、店の迎えの車が待っていてくれた。着いたのはちょっとおしゃれな料亭旅館風。知人とはそこで合流した。部屋に案内されて、しばし歓談。

そして、待望の昼食。

この店は、全国的に「知る人ぞ知る」の人気料亭。食い道楽の私を喜ばそうと用意してくれたのだ。

出てきた料理の中心は発酵ものだった。

とりわけ、この地方の名物でもある「鮒の馴れずし」は絶品であった。ご存じの方も多いだろうが、「すし」といっても、われわれが食べ慣れている「すし」とはまったく違う。お腹にこれでもかというほど卵を抱えたニゴロ鮒をまずは3カ月塩漬けにした後、今度は地元の近江米のご飯に漬け込んで2年。作るのにじつに手間のかかる発酵食である。

この鮒を薄い輪切りにして食すのだが、これはまさに美味。チーズにちょっぴり納豆が混じったような香りで、味はちょっと塩辛い上質なチーズとでもいおうか。嚙むと、プチプチした卵の感触もじつにいい。

私は酒に関しては、料理に合わせてたしなむ程度なのだが、思わず日本酒を所望したものだ。日本酒好きの人なら、つまみには絶好といっていいだろう。白ワインにも合う。

この鮒ずしの他に、熊の肉の燻製など、珍しい食べ物が小皿に乗せられて何皿も出てきた。

「なるほど、この珍味で全国から人が来るのか」と納得したものだった。

連れがいっていた「来てのお楽しみ」は間違いではなかった。東京からの交通費、宿泊費を考えると決して安いとは言えないが、その価値は十分にあると感じた。時間もお金も、こういう使い方こそ、「ぜいたく」というものだろう。

本業以外のことを思いっきり楽しむ

「道楽」という言葉がある。

「本業以外のことに熱中して楽しむこと。趣味として楽しむこと。また、その楽しみ。『食い道楽』『着道楽』。酒色・ばくちなどにふけること。また、その人。『道楽で身をもちくずす』『道楽息子』」（『大辞泉』）

「道楽」を辞書で引いてみると、そうある。

たしかに、滋賀県まで足を運ばなくとも、鮒ずしを食すことはできるだろう。その意味では、私の旅は「道楽」かもしれない。

しかし、私はこの旅で3つのことを楽しんだ。

①四の五の言わずに他人の誘いに乗ってみること
②旅は「旅の途中」というプロセスを楽しむこと
③本物を本場で味わうこと

ただ知人の誘いに乗って、本業以外のことを楽しんだという意味では、辞書に書かれたように「道楽」だったし、途中の道を楽しんだという意味ではまさに「道楽」。本物を極めた「料理道」を楽しんだという意味でも「道楽」だったといえる。

もちろん、働いているうちは本業をないがしろにすることは慎まなくてはならないが、そうかといって、この道楽を進んで**「面白がるメンタリティ」がなくなったら、人間、枯れ始めの兆候が現れたと考えたほうがいい**と思うのだ。

枯れない男の勘ドコロ

本当の「ぜいたく」には、お金と時間以外に、「面白がるメンタリティ」が必要。誘いに乗り、プロセスを楽しみ、本物を本場で味わう旅は、脳のアンチエイジングだ。

「目的地に着く速さ」より、「途中」を楽しむ旅をする

交通の利便性で、失われたもの

私の若いころと比べると、鉄道の進歩は著しい。

北陸の金沢は私の第二の故郷でもあるのだが、かつて、私が若いころは、東京へは夜行列車で行くのが常識だった。ところが、今は北陸新幹線が開通し、東京・金沢間は約3時間。当時からは信じられない速さである。

現在では、日本全国至るところに新幹線が走り、九州はもちろん、北海道まで直行で行ける。しかも、日本の鉄道は時間が正確だから、台風などの自然災害がない限り、予定された時間通りに目的地に到着する。

それも、何時にどこを出発すれば、どの列車に乗り、どこでどの列車に乗り換えて、目的地には何時に到着する、とスマホが教えてくれる。

目的地に行くには、そのスマホの指示通りに動けば、最短時間で到着する。

別の項でも述べたが、先日も友人との待ち合わせでひとり旅をすることになった。琵琶湖近くの湖西線の余呉という各駅停車の列車しか停まらない駅が待ち合わせ場所。私の自宅がある東京・井の頭線の久我山駅を出発したのだが、途中の乗り換えを含めて、スマホが教えた通りに動いて、時間通りに到着することができた。

若い人にとっては「それが何か？」ということだろうが、昔の鉄道事情を知っている私にとっては、驚きである。スマホといい、鉄道といい、便利な時代になったものである。

こうした時代は、時間を無駄にすることなく、効率的に目的地に到着するという観点からはたしかに素晴らしいことだが、一方で、**プロセスを楽しむという旅の魅力はなくなってしまった**。

新幹線が普及し、かつてはあった新幹線の食堂車も姿を消した。寝台車のついた夜行列車も次々となくなってしまった。「鉄ちゃん」を自認する私を含めて、鉄道ファンにとっては寂しい限りである。

申込み殺到!
豪華列車で「旅をするだけの旅」

かつては当たり前だった旅を楽しむ機会が減っていく一方で、最近、旅そのもののプロセスを楽しんでもらおうという特別列車が次々と登場している。じつにうれしいことだ。

そのきっかけになったのが、JR九州が登場させた「ななつ星」だ。**3泊4日で最高価格ひとり100万円以上の超豪華な九州旅行**だが、これに富裕層の申し込みが殺到した。

車内で2泊、九州の温泉地で1泊という行程だが、使われる車両はもちろん、その内装、調度品が超豪華だ。やっと抽選に当たって乗車することができた知り合いの女性編集者とその母親の二人連れは、「まるで夢のような旅だった」という感想を漏らしていたものだ。

旅そのものを、時間をかけてゆっくりと楽しんでもらおうという列車の旅は、その後も続々と登場している。

そんな特別仕立て列車の一つ、しなの鉄道が長野から軽井沢までのコースを走らせている「ろくもん」という列車。私も一度乗ってみた。

NHK大河ドラマで人気を博した「真田丸」の真田幸村にちなんでのネーミングである。車内はいずれも特別仕立て。向かい合って座る二人用の座席があり、車内で配られる弁当もなかなかの豪華版。沿線の人気店の料理人の手によるものだ。

時間をかけてのんびりと走る列車で、上田城が見える途中駅では、十分くらい停車する。乗客は「真田丸」さながらの戦国武将の衣装や兜を着用しての記念撮影などもできる。また走行中には、沿線の幼稚園の園児たちが園庭に出て、手を振ってくれたりもする。

さらに、しなの鉄道の社員、駅員たちも総出で整列して、乗客に手を振るなど、乗客は楽しい気分を味わえる。のどかな旅のプロセスだった。

遊び心をくすぐる無駄遣い

他にも旅を楽しむ豪華列車は次々と登場する。

JR九州は**「或る列車」と名付けた豪華列車によるパッケージ旅行**を販売した。コースや料金などは企画する旅行会社によってさまざまで、途中駅の豪華ホテルで宿泊するコース、日帰りコースもある。いずれも、明治時代に当時の九州鉄道がアメリカのメーカーに発注した豪華客車をベースに復活させた列車の旅だ。「或る列車」とは遊び心をくすぐるネーミングだ。

「或る列車」とはいっても、こちらはコース、豪華客車の内装、調度品、提供されるスウィーツなどの情報はオープンになっていて、客はその中から選べる。すでに大人気になっている。

「或る列車」だけに乗るなら、ひとり2、3万円程度から可能だが、旅行会社が企画したパックツアーは出発地がどこか、どんなコースを選ぶかによって料金が異なる。場合によっては100万円以上の価格設定がされている。それでもすでに満員だという。

「とにかく、豪華な客室で、列車の中とは思えない異空間です。普通列車なら数千円で行ける旅をその何倍ものお金をかけていくわけですから、道楽、無駄遣いかもしれませんが、今から私は楽しみですよ」

ある旅好きの知人の弁である。

私自身、ささやかな特別列車を一度しか体験していないが、また時間をつくって行ってみたい旅ではある。

旅のプロセスを楽しむ一番の方法

豪華列車が走るのは、九州エリアだけではない。

他のエリアでも次々と登場の予定だ。JR西日本では、京都、大阪、下関を結ぶ「瑞風《すずかぜ》」の運行がスタート。倉敷、新岩国を経由する山陽本線ルートと城崎温泉、萩を回る2つのコースがある。いずれも車中1泊で、1日1回は観光スポットを回る。ほかに山陽本線、山陰本線を2泊3日で周遊するコースもある。

客室はシングル、ツイン、スイートがあり、コース、客室に料金は異なるが、ほぼ「ななつ星」並みで、ひとり当たり25万円から125万円とバリエーションも豊富だ。「美しい日本をホテルが走る——上質さの中に懐かしさを——」というキャッチフレーズ通り、車両、内装ともにトップデザイナーが手掛けている。提供される食事も超豪華だ。

JR九州、JR西日本に負けじと、JR東日本も寝台列車「四季島」を走らせる。こちらは1泊コースの上野〜喜多方、2泊の上野〜青森、3泊の上野〜北海道などこちらもバリエーションは豊富。

旅のプロセスを楽しむ列車は、なにも豪華列車だけではない。

すでに各路線で数時間の旅をエンジョイできるリゾート列車が登場している。車両の外装を塗り替えたり、内部をリフォームしたものが多いが、新型車両もある。新潟県の糸魚川〜直江津、糸魚川〜妙高高原を走る「雪日花」がそれ。車体は真っ赤なディーゼルカーで車内の天井がかなり高い。

旅の道楽が、脳に栄養を与える

他にもまだまだある。

千葉県の大原〜大多喜を走る「レストラン・キハ伊勢海老特急」は、その名の通り、料理がセールスポイントで千葉県特産の伊勢海老やアワビを使ったフレンチを楽しめる列車だ。

いわゆるリゾート列車はどれも食事に工夫を凝らしているが、青森県の八戸〜岩手県の久慈を走る「東北エモーション」は、午前中走る列車はランチ、午後はスイーツでケーキ食べ放題になっている。

酒飲みにうれしいのは、「越乃 shu ＊ kura」。新潟県の上越妙高駅〜十日町を走る列車。酒どころ新潟の地酒や肴が振る舞われる。

変わったところでは、「ベル・モンターニュ・エ・メール」という観光列車。通称は「べるもんた」だ。氷見線の観光列車で土曜日、日曜日に走る。フランス語で「美しい山と海」という意味を持つ名前の列車だが、こちらは、すし職人が車内で「ぶら富山湾鮨セット」を握ってくれる。

その他、岐阜県の長良川鉄道の「観光列車。ながら」、鹿児島〜指宿を走る「指宿のたまて箱」、四国は松山〜伊予大洲を走る「伊予灘ものがたり」など、各地に名物列車が走っている。

新幹線は過密ダイヤの関係でリゾート列車を走らせるのは難しいが、それでも、山形新幹線の上野〜新庄間で「とれいゆつばさ」を走らせる。これは新幹線で初めてのリゾート列車でもあり、車内に足湯や湯上りラウンジ、お座敷などもある。ツアー専用の臨時列車になっている。

ともあれ、２泊３日で数十万円から１００万円以上もする豪華列車は大人気で、いまや抽選待ちの状態。

客層は、**50代、60代の中高年が中心で、特に女性に人気**だという。

こうした豪華列車はそうした富裕層をターゲットに、今後も東北、山陰エリアに登場する予定になっている。

たとえ、目的地で温泉、観光、レジャーを楽しむにしても、もっと旅の途中を楽しむ、いわば、旅の道楽も楽しいのではないだろうか。

そんな旅をしながら、**頭をリラックスさせて脳に栄養を与えることも、好奇心の芽生えを衰えさせず、枯れずに生きていくためには必要なこと**だと思うのだが……。

枯れない男の勘ドコロ

旅の楽しみは、目的地に早く着くことより、着くまでのプロセスにある。その楽しみを享受できる列車プランを、自分の好みに合わせて選んで、試してみよう。

人間関係の入口は、「礼儀作法」と「服装」

他人の心を開くための基本

新聞記者時代、世のサラリーマンとはひと味もふた味も違う生活スタイルで生きてきた私だが、肝に銘じてきたことがある。

「礼儀作法だけは忘れるな」

これである。

マスコミ関係で働く人間は一般のサラリーマンとは違い、スーツにネクタイ、つまり「タイドアップ・スタイル」は少数派かもしれない。特に出版社の編集者、雑誌編集者の場合、カジュアルな服装が許されていることも多い。だが、私が働いていた新聞社は基本的にはスーツにネクタイというのがルールだった。

それは、私の新聞社の世間的評判によるものだったと思う。なにしろ一部の人たちからは「プロレス新聞」「五寸角新聞」と揶揄される存在だったから、そこで働く人間は、逆にきちんとした服装でいなければならないというのが、社の方針だった。

「プロレス新聞が何の用だ？」

取材や執筆をお願いする初対面の有名人や作家に、そういわれることがしばしばである。

そんなとき、**ルーズな格好をしていれば、取材や執筆の承諾を得る可能性がさらに低くなる。だが、きちんとした服装をしていれば、相手の反応はまったく違ってくる**ことも多いのだ。

「思っていたほど、いいかげんな新聞ではないな」

初対面でそう好意的に感じてもらえることもあるのだ。つまるところ、こちらが一方的にいくら「面白そうだ」「会いたい」と好奇心を抱いても、相手に拒まれるような服装では、その先には進めないということだ。

これは、どこの世界でもいえることではないか。

服装だけではない。礼儀作法も同様である。

有名人、作家に限らず、どんな人間でも無礼な人間に好感を抱くはずがない。仮に、いかに一流新聞社の記者であっても、礼儀作法がなっていなければ、被取材者は取材に応じる気にはなれないだろう。

きちんとした服装、礼儀作法は、他人の心を開くための基本中の基本なのである。

能力に自信のない人間ほど、「無礼」という非常識を装う

私の経験からいえば、服装にしても礼儀にしても、マスコミ然とした人間に仕事のできる人間はいない。たとえ、マスコミ関係であっても、逆に銀行員のような服装と態度の人間のほうが、確率的に仕事のできる人間が多い。

マスコミ人である私にとって、仕事のできる人間とは、好奇心旺盛で、いい意味で非常識な発想を持ち、なおかつ事務的な作業もきちんとできる人間をいう。

つまり、**態度においては常識をきちんとわきまえながら、頭の中だけは非常識であ**

る人間である。

意地悪な見方をすれば、服装や態度が非常識な人間は、じつは自分の頭が常識的であるがために、それをカモフラージュするために無礼という非常識を纏っているのではないかとさえ思ってしまう。

どんな世界でもいえることだが、立ち居振る舞いや言動において常識が欠けている人間には要注意だ。初対面の人間に関しては、特にいえることだ。「ギョーカイ人」の外見に騙されてはいけない。

「型破り」が許される人、許されない人

先日、私はあるビジネス誌から「私が部下を叱るとき」という特集記事の取材を受けた。そのときも、今述べたように、服装や態度が非常識なときに叱ることが多いと私は答えておいた。

だが「叱る」を通り越して、「怒る」こともある。いきなり頭に来て怒鳴ってしまうことがある。さすがに最近はだいぶ丸くなったので、そんな機会は激減したが、た

まに瞬間的に怒りを爆発させることがある。

じつは少し前に、こんなことがあった。

古い付き合いの出版社の役員と若い編集者と私との3人で打ち合わせを兼ね、中華料理店で食事をしていたときのことだ。

若い編集者とは初対面。最初に名刺交換をして、それぞれが好きな料理を注文した。ほどなく、若い編集者の注文したものが先に出てきた。私と役員氏はまだ話し合っている最中である。私たちが注文した料理はまだきていない。

すると、あろうことか、その若い編集者はいきなり先にきた自分の料理に箸をつけ、食べ始めたのである。私の怒りに火がついた。

「おまえ、先に食うヤツがいるか、バカヤロー！」

思わず口に出た。その編集者はもちろん、役員氏も恐縮していたが、できることなら役員氏に私の代わりに怒鳴ってほしかったのだ。

よくいわれることだが、**型を身につけていない人間には、まわりを感心させるような「型破り」などできるわけがない**のだ。九九がわからない人間に微分や積分など、わかるわけがない。「出直してこい」といいたい気分だった。

また、こんなこともあった。

あるPR誌の仕事を受けたときのこと。親しい副編集長から、頼んでいた原稿を新人の編集者に取りに行かせるという連絡が入った。時間にも遅れず取りに来た。

しかし、その新人編集者はコートを着たまま私のオフィスに上がり込み、なんと脱ぎもしないで、ソファーに腰掛けて、話をし始めたのである。

「おいおい、ちょっと待てよ、コノヤロー。人のうちに上がってもコートを脱がないのか！　バカヤロー！」

誤解しないでいただきたい。私は決して気の長いほうではないが、むやみに怒りまくる人間ではない。むしろ、たいていのことは軽く受け流しているほうが多いかもしれない。

だが、礼儀作法に関しては譲れない。見て見ぬふりをすることができない。瞬間的に爆発してしまうのである。

われわれマスコミで生きている人間が仕事で付き合う場合、相手は必ずしも聖人君子のような人ばかりではない。われわれにとって、強い関心を与える素材の人は、むしろ非常識であればあるほど、飯の種になる確率は高いといってもいい。

私が働いていた新聞社がまさにそうだった。

風変わり人間、非常識人間のオンパレードといっても過言ではない。

だが、それは、被取材者だけに許されたもの。働いている人間は、一歩外に出れば礼儀作法をわきまえていなければならないのだ。仕事の姿勢とは、そういうものだ。

本当の無頼は、礼儀を重んじる

こんなエピソードがある。

当時、著名だったある大衆小説の作家の葬儀があった。マスコミ各社が大勢、取材に訪れたのだが、そこで事件が起きた。

集まった取材陣を前に、そのとき葬儀委員長を務めていた、これも当時は著名な作家が彼らを怒鳴りつけたのだ。

「お前ら、この場所をどこだと思っているんだ。厳粛な葬儀の場所だぞ。出ていけ!」

驚く取材陣。その作家は、取材陣をもう一度見渡しながら、何人かの取材者を指さしながらこういった。

「ただし、その社とその社は入っていい」

それ以外の取材陣は門前払いである。世にいう一流新聞、一流雑誌の取材者を含め、多くの人間はやむなく立ち去らざるを得なかった。

取材を許されたのは、過激なセックス記事で知られた女性雑誌と辛らつな切り口を売り物にしている男性週刊誌の取材スタッフだけだった。

当時、その2誌は「あの雑誌が取材した後には、ペンペン草もはえない」とまで一部の人たちからは揶揄されていた雑誌である。

その2誌の記者とカメラマンだけは、**きちんと喪服を身につけていた**のである。

その当時の様子を知る女性誌の記者だった人間に聞いた話だが、その話に私は感心したものだ。

「うちの編集部のスタッフのロッカーの中には、つねに喪服と黒いネクタイが用意されています。それは社長、担当役員のポリシーなんです」

この2誌は、当時は共に記事の過激さ、切り口の意地悪さが評判で、たびたび取材拒否される雑誌だった。

それだけに、**取材スタッフの礼儀作法だけはきちんとしていなければならない**という指導が行き届いていたのである。

さらにもうひとつのエピソード。

これは、私が働いていた新聞社の人間の話である。ある競馬担当記者が競馬場の記者席でレースの取材をしていた。そこへ後輩の記者が近づいてきた。ふだんから、「無頼」を演じているような男だった。それを見た先輩記者が怒鳴りつけた。

「お前、何だ、その格好は！　ここは職場だぞ！」

あろうことか、その後輩記者はカランコロンと音を立てながら下駄履きで記者席に入ってきたのである。

「いや、自宅の近くだったので、つい、そのまま……」

先輩記者の鬼のような形相に、その記者はとりつくろったように言い訳をするのが精一杯だったという。

たしかに、競馬場はバクチ場ではある。

しかし、競馬記者にとっては神聖な仕事場である。競馬記者というと、一部の人にとっては、カジュアルな服装の遊び人風のイメージを抱くかもしれない。

しかし、それはとんでもない誤解である。競馬場の記者席に足を踏み入れたことのある人ならご存じだろうが、彼らはすべてタイドアップ・スタイルである。

怒鳴りつけた先輩記者自身、競馬に関しては、一般人とはかなりかけ離れた大胆な賭け方をすることで社内、社外を問わず知られた人間だった。もちろん、競馬記者として、社の利益にも大きく貢献していたが、一方では、会社とは一定の距離を置く無頼な生き方をしていた。一般人とは無縁の世界の人間を含めて、交友関係も硬軟取り混ぜて驚くほど広かった。

だが、**礼儀作法をはじめ、人間関係におけるマナー**については厳しい人間だった。

また、こちらが舌を巻くほどの文章力の持ち主でもあった。在職中にも、その文筆力を買われ、社員でありながら、連載小説を書いていたほどの文才の持ち主である。新聞社退社後も、競馬マスコミ界の重鎮として活躍している。その無頼ぶりは今でも健在のようだ。

余談だが、怒鳴りつけられた記者も、後に小説家となり、大きな文学賞を受賞した。先輩記者に怒鳴りつけられたことで、礼儀作法について反省したかどうかは知る由もないが、マスコミに登場する彼のプロフィールのほとんどには、なぜか社員として働いていた新聞社の名前はない。

「タイドアップ」は「態度アップ」

とにかく、服装や礼儀作法の至らなさが原因で、他人から拒まれるのは、ひと言でいえば、じつに「もったいない」ことだと思う。何かに好奇心を抱いても、その先には進めないこともあるだろう。

きちんとした服装や礼儀作法を身につけていれば、まずは相手にしてくれる。さらに心を開いてくれる可能性も生まれる。

仕事のシーンなら、もしかすると、その人から大きな仕事を持ちかけられるかもしれない。プライベートのシーンでも、愉しい交友関係、あるいは自分の人生に有意義な話を聞けるかもしれない。

私自身、まったく異業種の人と初めて会うときは、**基本的には「タイドアップ」を心がけているし、TPOを忘れずに、服装には気を遣う。**

時に、それが求められない日であっても、気分転換にネクタイにスーツというスタイルのこともある。私のオシャレのひとつのパターンでもあるのだ。

「タイドアップ・スタイル」がすべてとはいわないが、きちんとした服装、礼儀作法は間違いなく相手に対して「態度アップ」の印象を与えるということだけはいえる。

枯れない男の勘ドコロ

自分にとって大切な人間、大切な場所なら、忘れてはならないルールがある。仕事のできる人は「常識」をわきまえながらも「非常識」なことを考える。

好奇心を満たすには、時に「度胸」も必要

不安を抑え込んだもの

『何でも見てやろう』

小田実さんの名著である。若いころ読んで、胸を躍らせたものである。

小田さんが好奇心のおもむくままに、若さと行動力で世界中をバックパックだけで旅をした記録だ。1960年代のベストセラーであり、特に私たちよりもひと回り下の団塊の世代には大きな影響を与えた本だ。この本を片手に多くの若者がリュック1つで世界に旅立っていった。その後、五木寛之さんの『青年は荒野をめざす』で、さらにバックパッカーブームに火がついたのである。

今の若い人たちはピンとこないかもしれないが、当時海外に行くことは、おおげさにいえば、命がけだった。旅行代理店にすべての段取りを任せて、現地ではガイドをつけるような旅ではないのだから……。

また、現在のようにネットを活用すればあらゆる情報が瞬時に手に入る時代ではない。それどころか『地球の歩き方』のようなガイドブックさえないのだから、すべては、体当たりの海外旅行だった。

私にもそんな経験がある。50年以上も前の話である。

まずイギリスにいる友人に会ってガイドしてもらうために、一大覚悟で出かけた。連絡を取るにしても、今のようにメールがあるわけではない。ハガキでスケジュールを知らせて、日付とだいたいの到着時間を連絡してヒースロー空港で会うことにした。

何かの手違いで会えなかったら、私は海外で路頭に迷うことになる。初めての外国の見知らぬ場所で見知らぬ人たち、しかもほとんど言葉が通じない。まあ、度胸だけで出かけた海外旅行だった。

現在の私は、何回となく海外旅行を経験しているから、不安や戸惑いはなくなったが、当時は不安でいっぱいだった。卒業旅行と称して多くの人たちが海外に旅をする時代ではない。今の若い人たちには笑われそうな話なのだが……。

不安は募るが、その不安を抑え込んだのが、好奇心である。そこで私は心に決めた。

「殺されるときは、どこにいたって殺される」

こんなときに必要なものは「度胸」しかないと結論を出した。ひとりの日本人が海外へ旅するだけなのに、「殺される」とは、イギリス人にとっては失礼極まりない話だったかもしれない。だが、実際、そこまで覚悟していたのだ。

度胸が据わったところで、出発のときには不安も小さくなり、ふだん通りに行動することができるようになったと思う。

もちろん、予定通り、ヒースロー空港で無事友人には会えたし、その後もバックパッカーの2人旅。イギリスからドイツ、フランスはパリまで出かけた。じつに愉しかった。

若さに任せた行動力で、スリリングな経験もした。あちこち歩き回り、ひとりでいかがわしそうなバーへ入ったりもした。度胸が据わって、不安が解消されれば、持ち前の好奇心が首をもたげ始める。その好奇心がどんどん膨らむ。

精気あふれる年代である。夜の街では、それらしき女性に声をかけ、「ままよ」と、誘われるままにその女性の家まで行ってしまったり……。

なにしろ、こちらは日本を出るときに一度は死の覚悟をしているのだから、怖いものなしである。その旅では、後になって「よく生きて帰って来られた」と思うことばかりだった。

失敗の経験は、金を払っても体験できない

「アドベンチャー」

結局、私にとって旅の醍醐味をひと言でいえば、この言葉以外にはない。海外であれ、国内であれ、知らない土地を訪れ、見知らぬ人に会うのは、大きかろうが、小さかろうがアドベンチャーである。好奇心を刺激する絶好の機会である。

「新しいものを見てみたい」

「やったことのないことを体験してみたい」
「食べたことのないものを食べてみたい」
「知らない国の女性と……」

とはいうものの、すべてがうまくいくわけではない。それほど世の中は甘くない。いい思いをした分だけ、痛い目にも遭うものだ。

イタリアはローマに行ったときのこと。カタコト英語で親しそうに話しかけてきた学者風の男と意気投合してビアホールに誘われた。例によって「面白そうだ」とついていったら、待っていたのはボッタクリバー。有り金全部持っていかれたうえ、宿泊先のホテルまで追っかけてこられたこともあった。

だが、幸いなことに命はまだある。好奇心と度胸が健在なうちは、「羹《あつもの》に懲りてなますを吹く」ことはしたくはない。「失敗もまた楽し」でいいといつも思っていた。

変なたとえかもしれないが、あれもこれもと、なかなか買う馬券を決められない人間は、好奇心を満たせられない。あれも怖い、これも怖いでは、アドベンチャーなど楽しめるわけがない。

大事なことは、同じ失敗を繰り返さないように学習することだと思う。

ローマのボッタクリバーのときも、ホテルに着いて部屋にカギをかけたとき、殺されなかっただけ、自分はツイていると考えてしまうのだ。さらに、**こんな経験は「金を払ってもできるものではない」と思ったもの。**

200万円でボッタクリを買う男

ちなみにこんな話がある。中央競馬のある騎手の話だ。この世界ではよく知られた競馬評論家から聞いた話である。

あるとき、騎手仲間が数人集まって話をしていた。聞けば、そのうちの何人かが、少し前に新宿でひどい目に遭ったという。

私のローマでの体験談ではないが、これはよくある日本版「ボッタクリバー」の例で、仲間と一緒にこの類のバーに入ってしまい、3人で100万円近い金を請求されたのだそうだ。若干の押し問答はあったものの、暴力沙汰にもならず、渋々なけなしの金をみんなで集めて支払って店を出たという。

それを聞いたあるベテラン騎手が、尋ねてきた。

「それ、どこの店？　ねえ、ねえ、場所と店の名前を教えて！」

尋ねられた騎手は、怪訝そうだ。あまりにしつこく尋ねてくるので、記憶を頼りに地図を書いて教えた。

後日、そのベテラン騎手は数人の仲間を連れてその店に行った。連れて行かれた仲間は、そのベテラン騎手が仕返しでもしようとしているのかと心配顔である。

ほどなく、店を出ることにした。

店員が差し出した勘定書きには200万円と書かれている。ベテラン騎手は勘定書きに目を通す。他のメンバーは、どうなるかとまさに固唾《かたず》をのんでいる。騎手は職業柄、総じて小柄である。片や店の店員は体格のいいヤクザ風。さらに、いざとなれば、店に奥にも待機した人間がいる気配。ケンカになったら、騎手側に勝ち目はない。

そこで、ベテラン騎手は思いもよらぬ行動に出たという。携えてきたセカンドバッグから、悠然と100万円の束を2つ取り出し、店員に渡した。

そして、ひと言。

「なーんだ。意外と安いんだね」

騎手仲間も、ボッタクリバーの店員も、口アングリだったそうである。

このベテラン騎手は200万円かけて、彼独自のアドベンチャーを楽しんだのである。

考えてみれば、この店の店員にとっては、ある意味で屈辱的な仕打ちである。「まっとうな神経を持っている人間なら」という条件がつくが……。

こんなことは、決して誰にでもできることではないし、勧めることもできないが、このベテラン騎手、なかなかユニークな好奇心の持ち主であることと同時に、度胸が据わった人間であることは間違いない。

死の危険もある競馬騎手として第一線で生きている人間ならではの行動ともいえる。

もちろん、経済的に余裕があってのアドベンチャーであることは、否定できないが……。

「若いときにしかできない」は、やらない理由探し

「若いときにしかできないよ」

何事に関しても、**自ら積極的に行動に移そうとしない中高年が、したり顔で口にする言葉**である。

もちろん、年を取れば体力も衰える。たしかに若いときにしかできないこともあるだろう。

だが、私の場合、面白いことをやろうという気持ちは、いささかも衰えてはいない。今でも新しい経験をして、自分自身の人間としてのキャパシティを広げていきたいと考えている。

「やらない理由探し」は、好奇心が健在な人間とっては無用の長物なのである。

枯れない男の勘ドコロ

覚悟を決めてチャレンジするアドベンチャーが人生にはあっていい。殺されそうなときは、「さあ、殺せ！」という開き直りもときに必要なのだ。

【著者プロフィール】
川北義則（かわきた・よしのり）
1935年、大阪生まれ。慶應義塾大学経済学部卒業。東京スポーツ新聞社に入社し、文化部長、出版部長を歴任。77年に退社後、独立して日本クリエート社を設立する。出版プロデューサーとして活躍するとともに、生活経済評論家として新聞、雑誌などに執筆。講演も多い。150冊を超える著書の中で、20代の若者からシニア世代に向けて「人生を豊かに愉しく生きる」ことを主眼に置いたエッセイを数多く執筆。豊富な人生経験に裏打ちされた文章と人生哲学は、多くの人々の心をとらえ続けている。
主な著書に、ベストセラー『「20代」でやっておきたいこと』をはじめ、『男の品格』『男の哲学』『遊びの品格』『恰好いい老い方、みっともない老い方』『40歳から伸びる人、40歳で止まる人』など多数ある。

「枯れない」男の流儀

2017年 2月13日　　初版発行

著　者　川北義則
発行者　太田　宏
発行所　フォレスト出版株式会社
〒162-0824 東京都新宿区揚場町2-18　白宝ビル5F
電話　03-5229-5750（営業）
　　　03-5229-5757（編集）
URL　http://www.forestpub.co.jp

印刷・製本　萩原印刷株式会社

ISBN978-4-89451-746-2　Printed in Japan